AF608820

Online-Medien-Management

herausgegeben von
Prof. Dr. Bettina Schwarzer und Prof. Dr. Sarah Spitzer

Band 2

Bettina Schwarzer | Sarah Spitzer [Hrsg.]

Zeitungsverlage im digitalen Wandel

Aktuelle Entwicklungen auf dem deutschen Zeitungsmarkt

Bildnachweis Titel: istockphoto.com

Die Deutsche Nationalbibliothek verzeichnet diese Publikation in der Deutschen Nationalbibliografie; detaillierte bibliografische Daten sind im Internet über http://dnb.d-nb.de abrufbar.

ISBN 978-3-8487-0319-7

1. Auflage 2013

Vorwort

Stetig sinkende Auflagen, rückläufige Anzeigenerlöse und der zunehmende Konkurrenzkampf zwischen konventionellen und neuen Medien sind längst bekannte Indikatoren für die Krise am Zeitungsmarkt. Dass diese ohne ein Umdenken der Verlage und Redakteure jedoch nicht länger zu bewerkstelligen ist, zeigt sich am Beispiel der Financial Times Deutschland: Nach knapp 13 Jahren Verlustgeschäften sah sich der publizierende Verlag Gruner + Jahr dazu gezwungen, das Angebot der Tageszeitung einzustellen. Die Financial Times Deutschland verabschiedete sich im Dezember 2012 vom Zeitungsmarkt.

Um auch in Zukunft erfolgreich auf dem Medienmarkt agieren zu können, unterliegen Verlage der Herausforderung, sich im Wettbewerb neu zu orientieren und sich mit der Entwicklung digitaler Marktsegmente auseinanderzusetzen. Doch wie können Zeitungen die Suche nach digitalen Geschäftsmodellen bewerkstelligen? Mit dieser allgemeinen Frage eröffnet der Beitrag von Holger Nohr diesen Sammelband. Anschließend untersucht Bettina Schwarzer das Phänomen hyperlokaler Plattformen als Ausweg aus der Zeitungskrise. Tanja Kehrer gibt in Ihrem Artikel Aufschluss darüber, wie Zeitungen die ihnen zugesprochenen und in der Gesellschaft etablierten Werte und Kernkompetenzen auch online aufrechterhalten können.

In den darauf folgenden Beiträgen von Kai Erik Trost und Marco Jakob werden Social Media und Tablet PCs als neue Verbreitungswege für die Angebote von Tageszeitungsverlagen analysiert. Der Sammelband schließt mit einem Beitrag von Enrique Tarragona und Mareike Birkhahn, die den Erlösmix digitaler Zeitungsverlage am Beispiel von ZEIT Online aufzeigen.

Die Herausgeber — Stuttgart im Dezember 2012

Inhaltsverzeichnis

Zeitungen auf der Suche nach digitalen Geschäftsmodellen

*Holger Nohr**

1. Hintergrund

1.1 Zeitungen als demokratische und ökonomische Institutionen

Mindestens in den westlichen demokratischen Gesellschaften wird die *Presse* als eine wichtige demokratische Institution angesehen (vgl. Picard 2006). Die ihr zugesprochenen gesellschaftlichen Funktionen sind vielfältig (vgl. Kübler 1994, S. 73-105, McQuail 2010). Wesentlich – und beispielsweise in der Bundesrepublik Deutschland auch in der Gesetzgebung und Rechtsprechung zum Ausdruck gebracht – sind die öffentlichen Aufgaben hinsichtlich ihres Beitrags zur demokratischen Meinungsbildung und die Kritik- und Kontrollfunktionen (vgl. Meyn 2004). Den Grundgedanken der öffentlichen Aufgaben der Presse definiert in der Bundesrepublik Deutschland das Grundgesetz, Artikel 5 garantiert die „Pressefreiheit und die Freiheit der Berichterstattung". Diesem Grundtenor folgend werden in Landespressegesetzen die öffentlichen Aufgaben konkretisiert: „Die Presse erfüllt eine öffentliche Aufgabe, wenn sie in Angelegenheiten von öffentlichem Interesse Nachrichten beschafft und verbreitet, Stellung nimmt, Kritik übt oder auf andere Weise an der Meinungsbildung mitwirkt" (Landespressegesetz Baden-Württemberg, § 3). Das Bundesverfassungsgericht hat seit 1958 in mehreren Grundsatzentscheidungen die Pressefreiheit als „schlechthin konstituierend" für eine freiheitliche demokratische Staatsordnung bezeichnet (vgl. Meyn 2004, S. 39). Dem Verleger ist diese öffentliche Aufgabe treuhänderisch übergeben (vgl. Hackenschuh/Döbler/Schenk 2004, S. 33).

Sollen Pressemedien – dies sind nach heutiger Auslegung insbes. Zeitungen und Zeitschriften – mit Qualitätsjournalismus diese Aufgaben erfüllen, müssen sie frei von (staatlichen) Einflüssen sowie wirtschaftlich und finanziell unabhängig sein (vgl. Picard 2005). Eine Konzentration der Presse – ökonomisch wie publizistisch – gilt medienpolitisch als Einschränkung des verfassungsrechtlichen Zielwertes der „Vielfalt". Medienkonzentrationen sind nicht nur eine Be-

* Prof. Holger Nohr (nohr@hdm-stuttgart.de), Hochschule der Medien Stuttgart, Direktor im Institut für Kreativwirtschaft, Wolframstr. 32, D-70191 Stuttgart.

drohung des Wettbewerbs, sie sind auch eine Bedrohung der Meinungsvielfalt (vgl. Heinrich 2001, Kap. 4).

Historisch betrachtet ist die *Zeitung* das älteste Massenmedium, die offiziell anerkannte erste Zeitung erschien bereits ab 1605 in Straßburg (vgl. WAN 2005). Eine Zeitung (Newspaper) wird klassisch durch die Kriterien Aktualität, Publizität, Universalität und Periodizität definiert (vgl. Heinrich 2001, S. 216) und häufig auch noch festgemacht an der Print-Form.

Unter der Perspektive der beschriebenen öffentlichen Aufgaben können Zeitungen als „demokratische Institutionen" betrachtet werden. Zeitungen und insbesondere die Zeitungsverlage als Wirtschaftsunternehmen sind aber auch „ökonomische Institutionen", als solche unterliegen sie ökonomischen Prinzipien. Beide Perspektiven sind auf vielfältige Weise untrennbar miteinander verflochten (vgl. Picard 2006, S. 5) und bilden eine rekursive Konstitution von Organisation und Gesellschaft (vgl. Karmasin 2006, S. 62). Durch diese funktionale Dualität entstehen aber auch Konflikte (vgl. Picard 2005, S. 338 f.), die im ökonomischen Eigeninteresse begründet sind und die gesellschaftlichen und demokratischen Funktionen in den Hintergrund treten lassen. Insbesondere sind Zeitungen nur dann befähigt ihren öffentlichen Aufgaben als freie Presse nachzukommen, wenn sie ökonomisch und finanziell unabhängig sind, kurz: wenn sie durch ihre Marktleistungen für Kunden und die Art und Weise der Erbringung dieser Leistungen Erlöse erzielen und sich so selbst finanzieren können. Diese (und weitere) Elemente eines Geschäfts werden üblicherweise in einem Geschäftsmodell (Business Model) dargestellt (vgl. Picard 2005). Geschäftsmodelle beschreiben die Basis und die Grundannahmen, auf der Unternehmen ihr Geschäft betreiben. Verschiedene Treiber und Herausforderungen unterminieren seit einiger Zeit die Geschäftsmodelle der Zeitungsverlage (vgl. Kelly 2010, Isaacson 2009, Weichert/Kramp 2009, Picard/Dal Zotto 2006).

Die Grundlagen für Geschäftsmodelle werden wir in Abschnitt 2 beschreiben, die klassischen Geschäftsmodelle der Zeitungen und ihre strukturellen Probleme folgen in Abschnitt 3. Die Entwicklung neuer digitaler Geschäftsmodelle wird in Abschnitt 4 behandelt, die Erörterung einer grundsätzlichen Erweiterung der Geschäftsmodelle von Zeitungen im Kontext sozialer Medien schließt den Beitrag. Zunächst folgt eine knappe Beschreibung der aktuellen Veränderungstreiber im Geschäft mit der Zeitung. Wir versuchen dabei durchgehend auch Entwicklungen auf internationalen Märkten zu berücksichtigen.

Für eine umfassendere Darstellung sei auf Nohr (2011) verwiesen.

1.2 Treiber und Herausforderungen im Geschäft mit der Zeitung

Aktuelle Veränderungstreiber am Medienmarkt (vgl. Engstler/Nohr 2010, Kelly 2010, American Press Institute 2006) sind durch technologische Innovationen, zunehmende Konvergenz, Verschärfung der Wettbewerbssituation, ein sich radikal veränderndes Mediennutzungsverhalten sowie eine teilweise unklare Rechtslage geprägt (eine detaillierte Übersicht zeigt Abb. 3). Damit ist die Komplexität des Handlungsfeldes für Verlage im Laufe der Zeit erheblich gestiegen. Die Verlage sind mit einem diskontinuierlichen und dynamischen Wandel durch hohe Volatilität und schnelles Wachstum des Online-Marktes konfrontiert (vgl. Bernhardt 2009, S. 83). Neue Technologien und die Geschäftsmodelle neuer Wettbewerber wirken disruptiv auf die klassischen Geschäftsmodelle der Verlage. Dies nimmt zwangsläufig Einfluss auf die Wertschöpfung der Verlage und erzwingt ein Überdenken traditioneller Geschäftsmodelle. Die Verlagsindustrie sieht sich durch die Veränderungen des Marktgeschehens und ihres Umfeldes durchaus bedroht (vgl. Karle 2007).

- Die künftige Entwicklung des Werbe- und Rezipientenmarktes ist in diesem Zusammenhang schwer zu prognostizieren (vgl. Bernhardt 2009, S. 75 ff.):
- Wie werden sich die Werbebudgets auf Offline- und Online-Medien verteilen, wie innerhalb der Online-Medien?
- Werden die jungen Mediennutzer mit zunehmendem Alter ihr interaktives bzw. proaktives Nutzungsverhalten beibehalten oder werden sie es an traditionelle Rezeptionsmuster anpassen?
- Wie können Kundenbindung und Neukundengewinnung über neue Medien verbessert werden?
- Welche neuen Erlösquellen können ausgeschöpft werden?

Allerdings gibt es klare Hinweise für die wirtschaftlich zunehmend schwierige Lage der Zeitungshäuser: Die deutschen Tageszeitungen erleben seit dem Jahr 2000 einen kontinuierlichen Rückgang der verkauften Auflagen (siehe Abb. 1). Der Rückgang hierzulande ist im Vergleich mit dem US-Markt jedoch noch moderat: Im Jahr 2008 wurden in den USA 48,6 Millionen Zeitungsexemplare verkauft, rund acht Millionen Exemplare weniger im Vergleich zu 1998 – ein Minus von rund 27 Prozent (vgl. Siepmann 2009, S. 16). In Großbritannien wird den Regionalzeitungen in den Jahren von 2004 bis 2012 ein Rückgang der jährlichen Auflage von 12 Prozent prognostiziert (vgl. Currah 2009, S. 25).

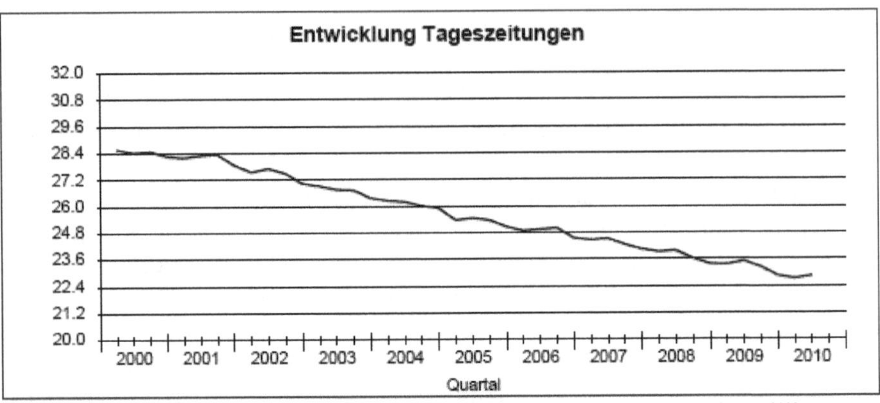

Abbildung 1: Tageszeitungen Deutschland – verkaufte Auflage in Millionen Stück (Quelle: IVW)

Die Entwicklung der Werbeumsätze zeigt ein ähnliches Bild: Ein Vergleich der Brutto-Werbeumsätze in den Jahren 2006 (49,3 Milliarden US-Dollar) und 2008 (38 Milliarden US-Dollar) zeigt das ganze Ausmaß dieser Entwicklung: Die Werbeumsätze der US-Zeitungswirtschaft brachen in diesem kurzen Zeitraum um fast ein Viertel ein (vgl. Siepmann 2009, S. 20). Die deutschen Tageszeitungen verzeichnen seit 2000 ebenfalls einen kontinuierlichen aber vergleichsweise moderateren Rückgang der Werbeumsätze (siehe Abb. 2).

Der durch Erlösrückgang verursachte Kostendruck birgt die Gefahr, dass die Qualität der redaktionellen Content-Erstellung leidet (vgl. Bernhardt 2009, S. 85). Die Kürzungsprogramme in den Redaktionen der Zeitungen lassen diese Gefahr überaus real erscheinen: Zwischen 2001 und 2009 haben US-Tageszeitungen 14.000 Stellen in den Redaktionen (jeder vierte Journalist in den Tageszeitungen des Landes) abgebaut, in den Redaktionen deutscher Zeitungshäuser fällt der Abbau mit 1.047 Stellen von 15.306 in 2000 auf 14.295 in 2009 deutlich geringer aus (Siepmann 2009, S. 28). Die Beschäftigung in deutschen Zeitungsverlagen sank im Vergleich mit dem Jahr 1999 auf 77 Prozent im Jahr 2008, während die sozialversicherungspflichtige Beschäftigung insgesamt im Jahr 2008 wieder den Stand von 1999 erreichte (vgl. Stieler 2009).

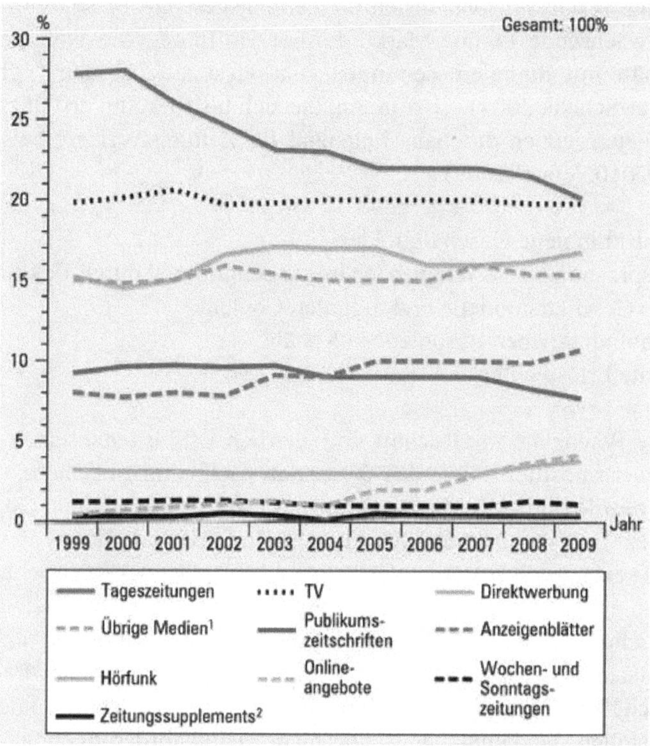

Abbildung 2: Werbeaufwendungen in der Bundesrepublik Deutschland 1999-2009, Marktanteile der Medien in Prozent (Quelle: BDZV)

Die Marktveränderungen und der erheblich gewachsene ökonomische Druck bestimmt in den Verlagshäusern zunehmend das Handeln gegenüber den geschilderten öffentlichen Aufgaben und der Ausrichtung am Qualitätsjournalismus (vgl. Picard 2004). In den USA übernehmen Finanzinvestoren zunehmend Verlagshäuser (vgl. Holtz-Bochta 2009), die häufig börsennotiert sind. Die Übernahmen der *Los Angeles Times* und der *Chicago Tribune* durch den Finanzinvestor Sam Zell endeten Ende 2008 in einer Insolvenz beider renommierter Zeitungen (vgl. Rubner 2008, Meckel 2009). In Deutschland steht für diesen Trend die – allerdings letztlich gescheiterte – Übernahme der *Hamburger Morgenpost* (2006) und der *Berliner Zeitung* (2005) durch die Mecom-Gruppe des Finanzinvestors David Montgomery. US-Zeitungen, wie der *Christian Science Monitor* oder die *Detroit Free Press* haben ihre Printausgabe eingestellt oder drastisch reduziert. In Großbritannien wurden seit Beginn des Jahres 2008 über 70 Zeitungen eingestellt (vgl. Carter 2009).

Treiber für Wachstumsphantasien im Zeitungsgeschäft ist seit einigen Jahren der rasant wachsende Online-Markt. Er bot Hoffnung, die Defizite aus dem Print-Geschäft mit digitalen Zeitungen zumindest aufzufangen (vgl. Hackenschuh/Döbler/Schenk 2004) – Hoffnung, die sich bisher kaum erfüllt hat. Online-Angebote bieten jedoch durchaus Potenzial für Zeitungsverlage, beispielsweise (vgl. Kelly 2010, Vogel 2009):

- den Eintritt in neue Geschäftsfelder,
- die Ansprache neuer strategischer Interessengruppen durch flexible internetbasierte Geschäftsmodelle und digitalen Content,
- Kundenbindung über verschiedene Kanäle
- oder neue Erlösquellen.

Um diese Potenziale in Geschäft und letztlich Erlöse umzusetzen und damit die Wettbewerbsposition sowie das Wachstum nachhaltig zu sichern, müssen die Verlagshäuser die digitalen Märkte verstehen und originär digitale Geschäftsmodelle entwickeln. Eine erfolgreiche Ausschöpfung der möglichen Potenziale ist lediglich mit einer evolutionären Verlängerung der klassischen Geschäftsmodelle – etwa durch eine digitale Zweitverwertung von Content im Internet – in die Online-Welt kaum möglich (vgl. American Press Institute 2009). Die unterschiedlichen Parameter des Online-Marktes erfordern im Vergleich zum traditionellen Verlagsgeschäft den Einsatz neuer bzw. modifizierter Geschäfts- und Erlösmodelle und stellen Medienmanager vor neue Herausforderungen jenseits ihres klassischen Zeitungsmarktes. Die Veränderungen haben Auswirkungen auf sämtliche organisatorischen Unternehmenseinheiten und -abläufe und erfordern beispielsweise eine neue und intensive Orientierung an individuellen Kundenwünschen, multiple Serviceangebote durch Kooperationen in Value Networks, Beteiligungen und Partnerschaften, Produktinnovationen und eine radikale Innovation der Geschäftsmodelle (vgl. American Press Institute 2009).

Neben Potenzialen sind den Zeitungsverlagen im Internet neue Wettbewerber entstanden, die das Nachrichtengeschäft revolutioniert haben, beispielsweise *Google News*, *Yahoo! News* oder *news.de*. Diese Plattformen aggregieren häufig Content anderer Anbieter – gerade auch der Zeitungen – und bieten diesen kostenlos an. Auch soziale Medien wie *Twitter* machen den Zeitungen Konkurrenz im Geschäft mit Nachrichten.

Die folgende Abbildung 3 fasst die aktuell wesentlichen Veränderungstreiber im digitalen Medienumfeld zusammen.

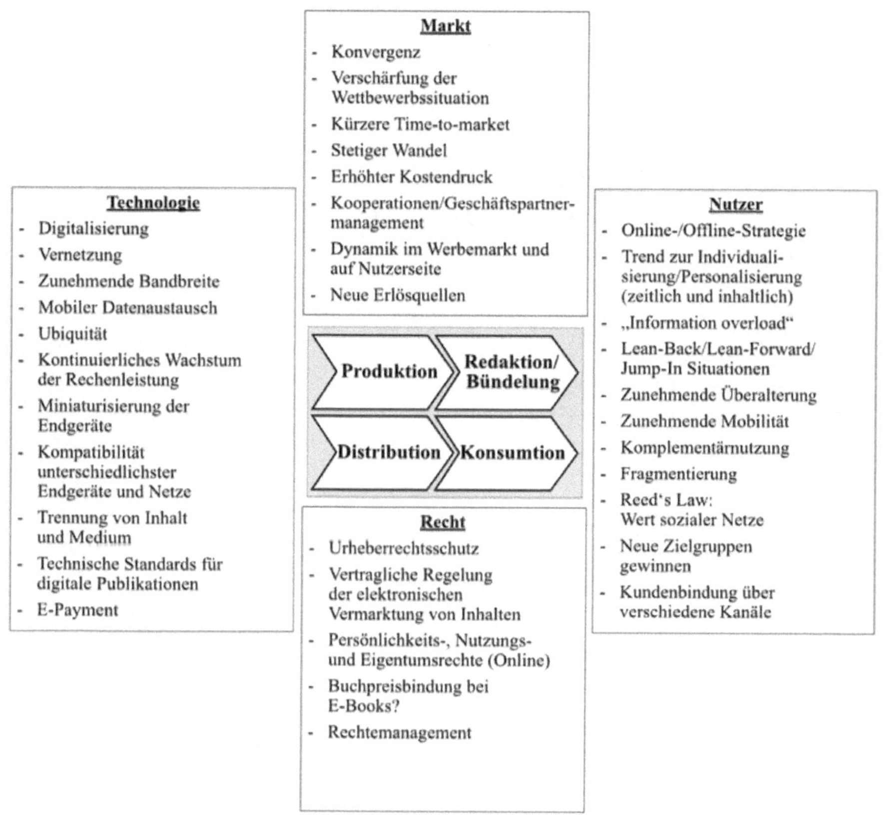

Abbildung 3: Veränderungstreiber im digitalen Medienumfeld (Armbruster/Nohr 2010, S. 147, in Anlehnung an Picot/Schmid/Kempf 2005, S. 3)

2. *Geschäftsmodelle*

Vor einer weiteren Analyse klassischer und möglicher neuer Geschäftsmodelle für Zeitungsverlage in den Abschnitten 3 bis 5 wollen wir zunächst das Konzept des *Geschäftsmodells (Business Model)* differenzierter erläutern. Der Begriff des Geschäftsmodells wird in der Literatur seit Ende der 1990er Jahre verwendet und bislang kaum einheitlich definiert (vgl. Schwickert 2004, Scheer/Deelmann/Loos 2003, Stähler 2002, Wirtz 2010). Generell stellen Geschäftsmodelle einen Ansatz dar, eine grundlegende Geschäftsidee sowie die darauf basierende Geschäftsstragie in detaillierter Weise zu operationalisieren (vgl. Magretta 2002, Wirtz 2010). Die Klärung der Frage, für welche Anspruchsgruppen (Stakeholder) eine Geschäftsidee Wert erzeugt und in welcher Form sie organisatorisch, technisch sowie rechtlich und investitionsbezogen umgesetzt werden kann, bedarf einer für Dritte nachvollziehbaren Beschreibung:

> Business models can also be described as the architecture for product, service, and information flows, including a description of various business activities and their roles. They include a description of the potential benefits for the various business actors and the sources of revenues (Picard/Dal Zotto 2006, S. 5).

Nach der Definition von Timmers (1998, S. 4) ist ein „business model

- An architecture for the product, service and information flows, including a description of the various business actors and their roles; and
- A description of the potential benefits for the various business actors; and
- A description of the sources of revenues."

Mit neuen Technologien, verändertem Verhalten der Mediennutzung und neuen Wettbewerbern erleben wir eine stetige Erosion klassischer Geschäftsmodelle der Verlage. Die wesentlichen innovativen Geschäftsmodelle wurden und werden nicht innerhalb der Verlags- und Medienbranche entwickelt und etabliert – sie kommen von außen und bedrohen die Wettbewerbsgrundlage der Medienunternehmen, speziell der Verlage! So hat Apple mit dem iPod eben nicht nur ein neues mobiles Endgerät entwickelt. Das Gerät wurde in ein innovatives – und für die Musikindustrie letztlich disruptives – Geschäftsmodell eingebettet. Es dient dabei als Endpunkt eines Distributionskanals zum iTunes Store in den Händen der Konsumenten, das einen leichten und kostengünstigen Zugang zu digitalen Musikdateien (ohne Digital Rights Management) ermöglicht, die sich der Konsument zu einer individuellen Playlist zusammenstellt.

Für das Management eines Unternehmens, aber auch für Kapitalgeber, potenzielle Aktionäre, Netzwerkpartner und Kunden ist das Geschäftsmodell ein Analyseinstrument über die grundlegenden Annahmen und Mechanismen sowie die Struktur einer Geschäftsumsetzung. In Innovationsprozessen dienen die Modelle als Experimentier- und Gestaltungsszenarien komplexer neuer Wertschöpfungskonzepte. Daher enthalten Geschäftsmodelle Aussagen zu den Kernkompetenzen eines Unternehmens, zu den geschaffenen Werten, zu Produkten und Leistungen, den Anspruchsgruppen und den Beziehungen zu Kunden und Partnern. Zwischen diesen Aussagen bestehen in der Regel komplexe Abhängigkeiten (vgl. Chesbrough 2006, S. 107 ff.). Der bedeutendste Aspekt des Konzepts der Geschäftsmodelle ist die Beschreibung der Wertschöpfung (value creation) einer Unternehmung (vgl. Wirtz 2010, S. 9) bzw. unternehmensübergreifender Wertschöpfungssysteme (vgl. Nohr 2011).

Mit der Wahl eines Geschäftsmodells werden grundsätzliche Entscheidungen hinsichtlich der strategischen Positionierung und Entwicklungsrichtung getroffen.

Für ein und dieselbe Geschäftsidee können verschiedene Geschäftsmodelle existieren, die zum einen vom Anbieter selbst und zum anderen von Wettbewerbern parallel verfolgt werden können. Geschäftsmodelle sind Konstrukte mit multiplen Elementen, die häufig in 3 Schichten gegliedert werden (vgl. Timmers 1998, Stähler 2002, Scheer/Deelmann/Loos 2003, Johnson/Christensen/Kagermann 2008, Armbruster/Nohr 2010, eine Übersicht in Wirtz 2010):

1. *Value Proposition:* Welchen Nutzen bzw. Wert haben Kunden und andere Partner aus einer Verbindung mit dem Unternehmen?
2. *Wertschöpfungsarchitektur bzw. Architektur der Leistungserstellung:* Wie wird der Nutzen generiert, in welchen Stufen der Wertschöpfung, mit welchen Beteiligten und Rollen?
3. *Ertragsmodell:* Welche Erlöse werden aus welchen Quellen und mit welchen Kosten generiert? Denn die künftigen Einnahmen entscheiden über Wert und Nachhaltigkeit eines Geschäftsmodells.

Die einzelnen Schichten enthalten jeweils mehrere Elemente und Aspekte, wie sie in der Abbildung 4 beispielhaft dargestellt sind (vgl. Nohr 2011).

Value Proposition	Kunden Wertschöpfungspartner	• Nutzen • Nachhaltigkeit
Wertschöpfungs-architektur	Angebot / Markt	• Angebot • Marktabgrenzung
	Interne Architektur	• Kernressourcen (Kernkompetenzen, Marken, Kundenbeziehungen, Technologien, Kanäle etc.) • Kernprozesse • Stufen der Wertschöpfung • Kommunikationskanäle und Koordinationsmechanismen • Abgrenzung zur externen Wertschöpfungsarchitektur
	Externe Architektur	• Kundenschnittstelle • Wertschöpfungspartner • Kommunikationskanäle und Koordinationsmechanismen
Ertragsmodell	Gewinnmodell	• Erlösmodell • Kostenstruktur • Gewinnspanne

Abbildung 4: Elemente eines Geschäftsmodells

In der praktischen Diskussion wird das Ertragsmodell häufig mit dem Geschäftsmodell synonym gesetzt. Diese Sicht greift jedoch zu kurz, da das Ertragsmodell und insbes. das daraus resultierende Gewinnmodell eine abhängige

Größe des Kundennutzens und der Gestaltung der Wertschöpfung ist (vgl. Johnson/Christensen/Kagermann 2008).

Auf Grundlage der vorangegangenen Ausführungen ist ein internetbasiertes Geschäftsmodell eine abstrahierte Beschreibung der Geschäftstätigkeit unter expliziter Zuhilfenahme der Internettechnologie, „welche Einfluss auf die Wertschöpfungsorganisation sowie den Inhalt und die Umsetzung von Transformationsprozessen und Transferflüssen hat“ (Scheer/Deelmann/Loos 2003, S. 29).

Durch das Internet eröffnen sich viele Möglichkeiten, die Wertschöpfungskette günstiger oder in verschiedener Hinsicht hochwertiger (z.B. schneller) zu gestalten. Wertschöpfungsinhalt sind vornehmlich digitale, aber auch physische Produkte und Dienstleistungen. Typische Akteure sind Unternehmen, Intermediäre und Endkunden. Im Vergleich zum angestammten Geschäft werden nicht nur Intermediäre ausgeschaltet, sondern es entstehen auch neue Intermediäre. So übernehmen z.B. Online-Buchhändler wie Amazon oder virtuelle Stores (z.B. von Apple) die Funktion traditioneller Absatz- bzw. Beschaffungsmittler. Ebenso gibt es völlig neue Wertschöpfungsfunktionen wie die Websitegestaltung, die Aggregation von Nachrichten (z.B. *Google News*) oder Recommendation Services.

Geschäftsmodelle können anhand verschiedener Abgrenzungskriterien differenziert werden. Eine etablierte Abgrenzung innovativer Geschäftsmodelle der Internet-Ökonomie erfolgt über das Leistungsangebot in die vier Basisgeschäftsmodelltypen (siehe Abb. 5) Content, Commerce, Context und Connection (vgl. Wirtz 2009, Schwickert 2004, Armbruster/Nohr 2010).

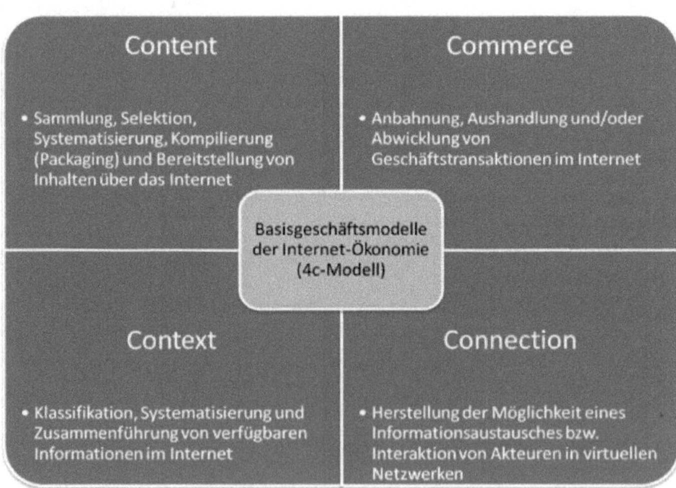

Abbildung 5: Geschäftsmodelle der Internet-Ökonomie (4 Cs) (in Anlehnung an Wirtz 2009, S. 638 ff.)

Die systematische Untersuchung von Geschäftsmodellen befindet sich derzeit noch in einer Frühphase (vgl. Wirtz 2009, S. 656). Etablierte Klassifikationsmodelle seien dennoch gut geeignet, um unternehmerische Aktivitäten auch im Hinblick auf neue Entwicklungen wie z.B. das Social Web zu analysieren. Natürlich müssen, wie bei allen innovativen Entwicklungen, manche konventionellen Aspekte angepasst werden. Die anfangs verfolgten „Reinformen" der soeben dargestellten Internet-Geschäftsmodelle sind in der aktuellen Entwicklungsstufe des Internets nur noch selten anzutreffen. Aktuell zeichnet sich eine Tendenz zu integrierten multiplen Geschäftsmodellen ab (vgl. PricewaterhouseCoopers 2009), die Wirtz und Sammerl (2003, S. 99) wie folgt beschreiben:

> Mit dem Fortschritt der Internet-Ökonomie haben die Unternehmen durch die Kombination, Adaption und Aggregation der grundlegenden Geschäftsmodelltypen neue hybride und multifunktionale Geschäftsmodelle entwickelt. Dieser Prozess kann im Wesentlichen auf vier strategische Motive zurückgeführt werden: Verbundeffekte, multiple Kundenbindung, Preisbündelung und Diversifikation sowie Expansion der Erlösquellen.

Verlage haben bereits zunehmend realisiert, dass sie den radikalen Veränderungen proaktiv begegnen müssen. Ihr langfristiger Bestand hängt demnach mit der Fähigkeit zusammen, die eigene Wertschöpfungsfähigkeit strategisch zu erneuern (vgl. Bernhardt 2009). Dabei können sich Verlage auf ihre kreativen Fähigkeiten und ihre Kernkompetenz der Content-Erstellung stützen. Ein auf Content allein bauendes Geschäftsmodell, so stellen bereits 2004 Hackenschuh, Döbler und Schenk fest, wird die Wettbewerbsfähigkeit nicht erhalten.

Ein Zugang zur Gestaltung der Wertschöpfung kann, wie Müller-Stewens und Lechner (2005) betonen, evolutionär oder revolutionär erfolgen (siehe Abb. 6). Die Herangehensweise wird dabei entsprechend der Annahmen über die Zukunftsfähigkeit der bisherigen Geschäftsmodelle durch die Unternehmensumwelt geleitet.

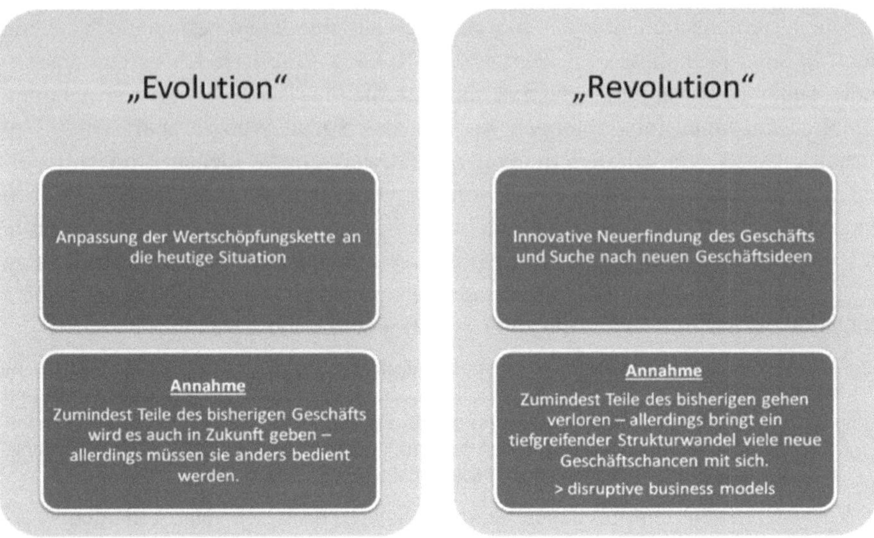

Abbildung 6: Zugänge zur Gestaltung von Wertschöpfung (in Anlehnung an Müller-Stewens/Lechner 2005)

Im Rahmen digitaler Innovationen sind häufig revolutionäre Ansätze erforderlich, die eine hohe Dynamik aufweisen und Kooperation vieler Partner mit je eigenen Kompetenzen benötigen (vgl. Chesbrough 2006). „The role of value networks is to link innovation potential to value mediated through the business model" (Akesson 2009, S. 14). Ein Value Network schafft Werte durch komplexe und dynamische Kooperationsbeziehungen zwischen Partnern. „The relations in the value network are linked by the creation process from which the different actors capture value" (Akesson 2009, S. 15).

3. *Klassische Geschäftsmodelle der Zeitungen*

3.1 Die Entwicklung der Zeitungs-Geschäftsmodelle

Historisch betrachtet besteht das heute als „klassisch“ bezeichnete Geschäftsmodell der Zeitungsverlage seit etwa Mitte des 19. Jahrhunderts. Zuvor bedienten Zeitungen eine relativ kleine Gruppe der Gesellschaft – in den USA rund 15 bis 20 Prozent – die sozial und politisch interessiert war, lesen konnte und über ein relativ hohes Einkommen verfügte. Zeitungen wurden hochpreisig angeboten und finanzierten sich nahezu ausschließlich über Vertriebserlöse (vgl. Picard/Dal

Zotto 2006). Zum Massenmedium wurde die Zeitung im Zuge zunehmender Urbanisierung, der industriellen Revolution, höherer Bildungsstandards und gerechterer Einkommen (vgl. Picard 2006). Zeitungen wurden deutlich günstiger verkauft und zugleich interessant für weitere Werbekunden (insbesondere Konsumentenwerbung). In Deutschland fiel um 1852 zudem das staatliche Anzeigenmonopol. Diese Entwicklung führte zu einem grundlegenden Wandel der Geschäfts- und Erlösmodelle der Zeitungen. Bis zum Jahr 2000 stieg der Anteil der Erlöse aus der Werbung bei US-Zeitungen auf rund 80 Prozent (Picard/Dal Zotto 2006, S. 5), in Deutschland lag er bei 49,3 Prozent im Jahre 2009 (siehe Abb. 7: Anzeigen und Fremdbeilagen). Damit verbunden war unübersehbar eine steigende wirtschaftliche Abhängigkeit der Zeitungsunternehmen von der Finanzierung durch Werbung (vgl. Picard 2006, Zurstiege 2006), ggf. mit publizistischen Konsequenzen (vgl. McQuail 2010, S. 292 ff.). Im Jahr 2009 waren die Erlöse aus dem Vertrieb (50,7 Prozent) in Deutschland jedoch erstmals höher als die Anzeigen- und Werbeerlöse.

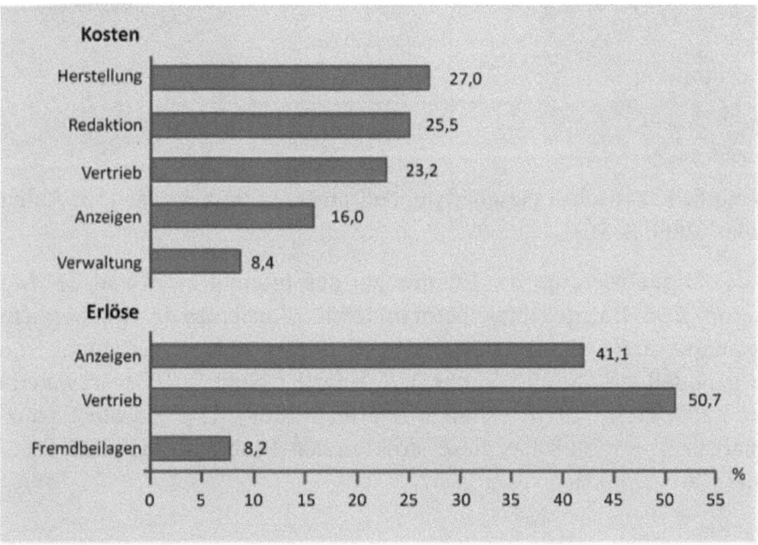

Abbildung 7: Kosten- und Erlösstruktur – Durchschnittswerte der Abonnementzeitungen in Westdeutschland 2009 in Prozent (Quelle: BDZV)

Mit dem radikalen Wandel der Stellung der Zeitungen ab Mitte des 19. Jahrhunderts verfügten Zeitungsverlage über ein integriertes Geschäftsmodell: Den Verkauf von journalistischen Inhalten (Content) und die Vermarktung von Konsumentenzugängen. Dieses Geschäftsmodell ist seither nahezu unverändert geblieben und wird heute als das klassische Geschäftsmodell (siehe Abb. 8) der

Zeitungsverlage gesehen. Die Zahl der Geschäftsmodellvarianten hat sich im Laufe der Zeit hingegen erheblich erhöht. Dies lässt sich besonders gut am Beispiel des Geschäftsmodells „Vermarktung von Konsumentenzugängen" verdeutlichen. Waren es klassisch Anzeigen und Beileger, die vermarktet wurden, so haben sich Zahl und Komplexität der Werbeformen durch das Internet und mobile Distributionswege deutlich erhöht. Die Fortsetzung dieses Trends hat zur Folge, dass ständig überprüft werden muss, ob bestehende Angebotsformen noch tragfähig oder ob sie schon wieder überholt sind. Exitstrategien gehören zur ständigen Revision und Erneuerung moderner digitaler Geschäftsmodelle.

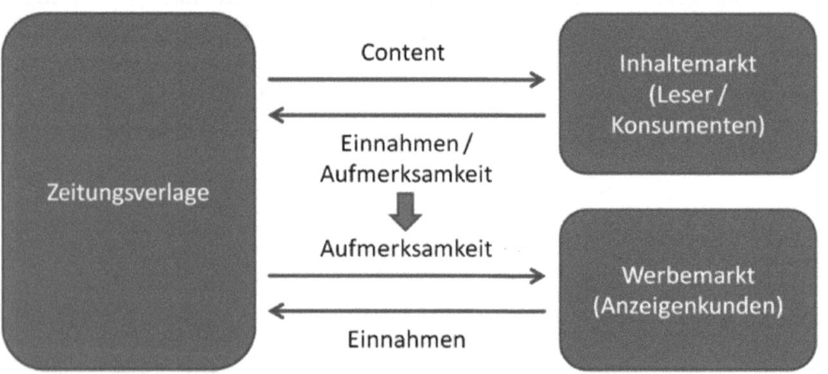

Abbildung 8: Klassisches Geschäftsmodell eines Zeitungsverlags (in Anlehnung an Karalus 2009, S. 20)

Mit der Digitalisierung, der Etablierung des Internet als Kanal der Mediendistribution, dem Einstieg branchenfremder Konkurrenten in den Medien- und Zeitungsmarkt und einem grundlegenden Wandel des Nutzerverhaltens ist dieses Geschäftsmodell strukturell bedroht (vgl. Engstler/Nohr 2010, Pricewaterhouse-Coopers 2009, Kelly 2010, Willman-Iivarinen 2009). Die globale Finanz- und Wirtschaftskrise ab 2008 hat diese strukturellen Probleme lediglich katalysiert (vgl. Giles 2010, S. 33).

3.2 Der Zerfall des herkömmlichen Geschäftsmodells

Die digitale Revolution durch das Internet unterminiert beide marktseitigen Elemente dieses Geschäftsmodells. Auf dem Lesermarkt werden im Internet vorzugsweise kostenfreie Nachrichten konsumiert. So stellt Isaacson (2009, S. 30) fest: „Newspapers have more readers than ever. (...) The problem is that fewer of these consumers are paying." Aus der Sicht der Leser sind Print- und Online-Angebote für Nachrichten komplementär, durch die allgegenwärtigen Online-

Angebote für News hat sich das Nutzungsverhalten der Leser dramatisch verändert (Picard/Dal Zotto 2006, S. 10). Die Zahlungsbereitschaft der Konsumenten im Internet ist gering, nach einer Nielsen-Studie möchten 85 Prozent der Nutzer kostenfreie Angebote auch künftig kostenfrei nutzen, 79 Prozent geben an, eine Website nicht länger nutzen zu wollen, wenn diese Entgelt verlangt (vgl. Nielsen 2010). Einer Studie von PricewaterhouseCoopers zufolge, ist eine Zahlungsbereitschaft online lediglich bei 62 Prozent der Befragten und nur für „high quality news content“ vorhanden, aber:

> This does not mean that they would actually buy online content at this amount however. Free content is abundant online and consumers would choose free content when the quality was comparable of sufficient for their purpose (PricewaterhouseCoopers 2009, S. 21).

Das Ausmaß an meist kostenfrei verfügbaren Nachrichten im Internet lässt eine Zahlungsbereitschaft aus Sicht der Konsumenten nicht notwendig erscheinen. Da Konsumenten nach der Studie von PricewaterhouseCoopers zu rund 68 Prozent nach „general news“ suchen, ist eine Veränderung dieser Einschätzung kaum zu erwarten. Die herkömmlichen Geschäftsmodelle der Zeitungen adressieren immer weniger eine Nutzenerwartung der Konsumenten. Die Geschäftsmodelle erodieren auf der Ebene der Value Proposition. Das Verhalten der Zeitungsverlage auf der Ebene der Erlösmodelle ist häufig inkonsistent, wie ausgewählte Beispiele der *New York Times* zeigen:

- Home delivery: $25/month
- Online (www.nyt.com): free
- Mobile (mobile.nytimes.com): free
- Mobile NYTimes on iPhone (full version): free
- Mobile “The New York Times Editors’ Choice” on iPad: free
- Kindle Blog (NYT Latest News): $1.99/month
- Kindle NYTimes (full version): $13.99/month

Dies hat – wie eingangs bereits skizziert – Auswirkungen auf den Werbemarkt, Auswirkungen, die erheblich sind, berücksichtigt man die entstandene wirtschaftliche Abhängigkeit der Zeitungen von der Werbung. Die werbetreibende Wirtschaft präferiert eine Multi-Plattform-Strategie und folgt den Konsumenten ins Internet: „The shift of advertising revenue from print to online is expected to continue over the next few years” (PricewaterhouseCoopers 2009, S. 25). PricewaterhouseCoopers prognostiziert für 2013 global einen Anteil von 21 Prozent der Werbeaufwendungen für die Zeitungen, 2003 waren es noch 31 Prozent. Im gleichen Zeitraum wachsen die Werbeaufwände im Internet von 3 auf 16 Prozent (2009, S. 28). Im Internet aber haben Zeitungen erhebliche Konkurrenz und profitieren nur wenig von den Werbeerlösen sich verändernder Werbeformen (vgl. Kelly 2010, S. 26 f.): Die häufigste und umsatzstärkste Werbeform in Internet sind die *search ads*, die 2009 mit $10,8 Milliarden einen Anteil von 48 Prozent ausmachten. Die Erlöse aus search ads erhalten nahezu vollständig Suchmaschinen und Nachrichten-Aggregatoren. *Display ads* erlösten 2009 $4,8 Milliarden, davon gingen rund 28 Prozent an Suchmaschinen oder Internet Provider, lediglich rund 5 Prozent an Zeitungsverlage und 3 Prozent an andere News-Seiten. „As a result of these trends, news sites have been unable to obtain sufficient revenue from display ads“ (Kelly 2010, S. 27). Die Hauptgruppen der *classified ads* (Stellen-, Auto- und Immobilienanzeigen) wurden bereits vor Jahren an spezialisierte Internetanbieter (z.B. Craigslist) verloren (vgl. Krueger/van der Beek/Swatman 2004).

In einem Gutachten für die Friedrich-Ebert-Stiftung konstatieren Weichert und Kramp (2009, S. 4), dass die klassische Zeitung auf Papier zweifellos durch das Internet verdrängt wird. Der gegenwärtige Wandel sei mit früheren Transformationsprozessen im Medienbereich – bei denen ältere etablierte Medienformen nie gänzlich ersetzt oder verdrängt wurden – nicht vergleichbar. Ihr zentrales Argument:

> Das Internet ist nicht einfach ein neues, höher entwickeltes Medium; vielmehr saugt es alle bestehenden Massenmedien in sich auf, deutet sie um und definiert deren Ausdrucksformen und publizistische Wirkung neu (Weichert/Kramp 2009, S. 4).

In diesem dynamischen Umfeld, das durch radikale Veränderungen traditionelle Geschäftsmodelle grundsätzlich in Frage stellt, „wurde die zwischenzeitlich verkümmerte Fähigkeit, die eigene Wettbewerbsbasis zu erneuern, schnell zur Gefahr für die Etablierten der Branche“ (Bernhardt 2009, S. 2). Während des ersten „New Economy“-Booms wurden teilweise hohe Investitionen getätigt, die jedoch zu diesem frühen Zeitpunkt „in keinem Verhältnis zur wirtschaftlichen Tragfähigkeit dieser Geschäftsmodelle [standen], da sich sowohl Marktvolumen als auch -wachstum noch auf sehr niedrigem Niveau bewegten“ (Bernhardt 2009, S. 83). Ebenso wurden Print-Inhalte teils unverändert im Internet publiziert – auf die Alleinstellungsmerkmale und Charakteristika des neuen Mediums wurde dabei kaum Rücksicht genommen (vgl. Schwarzer 2010, S. 134). Im digitalen Zeitalter angekommen mussten die Verlage schnell feststellen, dass im Internet grundlegend andere Spielregeln als im angestammten Printgeschäft gelten. So beschreibt Bernhardt (2009, S. 2) die Situation kurz und knapp:

> Die Art und Weise, wie nachhaltige Wettbewerbsvorteile aufgebaut und verteidigt wurden, hatte sich grundlegend verändert. Um in der digitalen Welt erfolgreich zu sein, mussten neue Rezepte gefunden werden.

Für Verlage, die sich in einem hoch-dynamischen Marktumfeld behaupten müssen, wird ein leistungsfähiges Innovationsmanagement zum zentralen Erfolgsfaktor. Kreativität und Innovation werden aus wirtschaftswissenschaftlicher Sicht unter dem Oberbegriff *Entrepreneurship* als kritische Erfolgsfaktoren der Medienindustrie nachgewiesen (van Weezel 2009). Medienunternehmen haben es in der Vergangenheit jedoch versäumt, aktive Forschungs- und Entwicklungseinheiten zu etablieren (vgl. Carter 2009) und in Innovationsnetzwerken und Value Networks zu kooperieren.

4. *Entwicklung digitaler Geschäftsmodelle für Content*

Bereits seit Mitte bzw. Ende der 1990er Jahre bewegen sich Zeitungen weltweit im Internet. In Deutschland sind derzeit 661 Zeitungen im Internet mit eigenen Angeboten präsent[1]. Zunächst ein Experimentierfeld und eher als Add-on bzw. Mittel der Kundenansprache und -gewinnung eingesetzt, begannen die Zeitungsverlage meist mit einer kostenfreien Zweitverwertung des Content aus der Printausgabe. Das Geschäft mit Online-Nachrichten funktioniert allerdings auf der Basis grundsätzlich anderer Paradigmen als das Geschäft mit Print-Nachrichten, nicht nur technisch, sondern gerade auch in der journalistischen Arbeitsweise der Contentgenerierung (vgl. Krueger/van der Beek/Swatman 2004, S. 5). Mit der geschilderten Erosion des herkömmlichen (Print-)Geschäftsmodells sind Zeitungsverlage nun allerdings gezwungen, ein funktionierendes digitales Geschäftsmodell zu entwickeln um den dramatischen und strukturell bedingten Erlösrückgang im klassischen Geschäft zu kompensieren (vgl. Aris 2011).

4.1 Ausgewählte Modelle und Ansätze

Wir wollen in der Folge einige ausgewählte Modelle und Ansätze vorstellen, die in Praxis und Theorie in der Zeitungsbranche aktuell mit unterschiedlicher Intensität und Diktion diskutiert werden. Bei diesen Ansätzen handelt es sich eher um evolutionäre Versuche, eine contentorientierte digitale Wertschöpfung der Zeitungen zu gestalten.

(a) Paid Content-Modelle

Die Diskussion um neue Geschäftsmodelle wird – insbesondere in den Medienunternehmen – häufig verkürzt über die Ebene der Ertragsmodelle geführt (vgl. Picard 2010a). *Paid Content* ist eine kontrovers diskutierte Strategie, Erlöse aus dem Verkauf von Content zu erzielen. Neben Subskriptionsmodellen sind seit einer Veröffentlichung von Isaacson (2009) im *Time Magazine* vor allem Ideen um Ansätze des Micropayment im Gespräch. Aufgegriffen u.a. durch das Ameri-

1 Quelle: BDZV: Zeitungswebsites (http://www.bdzv.de/zeitungswebsites.html), Stand: 15.8.2010.

can Press Institute (2009) werden an iTunes angelehnte Systeme vorgeschlagen, die insbesondere Impuls-Käufer einzelner Artikel adressieren, die keine Subskriptionspreise zahlen wollen. Innovative Konzepte beziehen Partnermodelle bis in die sozialen Medien ein (vgl. Graybeal/Hayes 2010).

Die Voraussetzung einer Erlösrealisierung, "unique, highly desirable content consumers can't find online for free" (American Press Institute 2009, S. 10), wird selten weiter thematisiert. Da generelle Nachrichten im Internet weitgehend frei verfügbar sind, bedarf es gerade hierzu aber einer klaren Positionierung und einer Orientierung an Wünschen der Konsumenten (Value Proposition) der Zeitungen (vgl. Picard 2009, 2010b). Die differenzierte Preisgestaltung – viele Zeitungsverlage bieten einzelnen Content gegen Entgelt, anderen kostenfrei an – entsprechender Systeme erzeugt ggf. hohe Transaktionskosten (vgl. Picard 2009) und eine differenzierte Beurteilung verfügbaren Contents hinsichtlich seines Wertes und der Erlösfähigkeit.

Das Subskriptionsmodell überträgt den bekannten Ansatz des Abonnements gedruckter Tageszeitungen auf das Internet, ggf. im Bündel mit der Printausgabe (vgl. American Press Institute 2009). Die Voraussetzung für eine erfolgreiche Erlösgenerierung über eine Subskription ist letztlich wie beim Einzelverkauf "content that is differentiated, relevant and valuable enough that people will pay for it in whatever format it is available" (American Press Institute 2009, S. 11).

Hinter der Paid Content-Diskussion steht strategisch der Wandel vom werbezentrierten zum kundenzentrierten Zeitungsverlag (vgl. Giles 2010, S. 32). Erfahrungen mit Paid Content-Modellen fallen bislang jedoch recht unterschiedlich aus. Negative Erfahrungen (etwa bei der *New York Times*) überwiegen, positive Ergebnissen (z.B. beim *Wall Street Journal*) werden bei sehr spezifischen Angeboten erreicht (Knappmann/Rungg 2010). Insgesamt stellt sich die Frage, wie Zeitungen online direkte Erlöse generieren können, wenn kostenfreie Nachrichten ähnlicher Qualität im Internet verfügbar sind (Hackenschuh/Döbler/Schenk 2004, S. 76 ff., Picard 2009). "The industry complaints about its inability to make a profit from content" (Krueger/van der Beek/Swatman 2004, S. 7). *Qualitätsjournalismus* (vgl. Giles 2010) allein ist kein hinreichender Grund für die Zahlungsbereitschaft der Konsumenten, solange der Content nicht rar, einzigartig und wertvoll ist (siehe Diskussion in Abschnitt 4.2). Neben der Chance, Erlöse aus dem Verkauf von Content zu erzielen, sind Paid Content-Strategien auch mit Risiken verbunden. Wenn kostenpflichtige Angebote der Zeitungen einen Rückgang der Reichweite verursachen (wie Erfahrungen zeigen), können Erlöse aus der Online-Werbung erodieren (vgl. Picard 2010b).

(b) Mobile Services

Die Formulierung von zukunftsorientierten Unternehmensstrategien bedingt eine Auseinandersetzung mit langfristigen Entwicklungstrends in Wirtschaft und Gesellschaft (vgl. Engstler/Nohr 2010). „Megatrends“ wie Mobilität, Vernetzung, Wissensarbeit oder Individualisierung haben Einfluss auf die Mediennutzung. Speziell die genannten Megatrends treiben die Entwicklung mobiler Medien und Services voran. Die mobilen Endgeräte haben den Charakter von Distributionskanälen in den Händen der Kunden. Lifestyle-orientierte mobile Multifunktionsgeräte wie Smart Phones erlauben es, die angebotenen Dienste ständig zu nutzen und damit „Always-In“ zu sein. Zwar kann nutzerseitig eine durchaus höhere Zahlungsbereitschaft für mobilen Zugang zu Content ausgemacht werden (vgl. PricewaterhouseCoopers 2009, S. 34), die Etablierung erfolgreicher mobiler Geschäftsmodelle ist für Zeitungsverlage dennoch schwierig:

> The newspaper industry has experienced problems finding successful business models for mobile content, mainly due to the revenue split with mobile operators, the difficulty of attracting advertisers and the low adoption rate of m-services among readers (Ihlström Eriksson/Kalling/Akesson/Fredberg 2008, S. 30).

IT-Unternehmen wie Apple oder Sony oder Händler treten als Wettbewerber in den Markt ein, da sie mobile Endgeräte (E-Book Reader, iPhone, iPad) als verlängerten Distributionskanal lancieren, die auf Content im eigenen Store zurückgreifen. Verlage haben die Möglichkeit, über Apps Angebote auf iPhone oder iPad zu bringen. Herr über diesen Distributionskanal sind jedoch die IT-Unternehmen, sie verfügen über die Kunden- und Absatzdaten und sie haben die Marktmacht, einen Erlösanteil zu diktieren (vgl. Engster/Nohr 2010) – Apple beansprucht 30 Prozent der App-Erlöse, Amazon ist gar mit 70 Prozent an den Erlösen auf dem Kindle beteiligt. Gravierender noch: die Betreiber der Stores und Endgeräte können Einfluss auf das Angebot nehmen. Nachdem zunächst bestehende Zeitungen für den mobilen Zugang (meist über Apps) aufbereitet wurden, hat im Februar 2011 die News Corporation mit *The Daily*[2] die erste originäre iPad-Zeitung auf den Markt gebracht.

Untersuchungen in Schweden nach relevanten Konsumentengruppen mobiler Zeitungsangebote (vgl. Ihlström Eriksson/Kalling/Akesson/Fredberg 2008) zeigen drei differenzierte Segmente auf (siehe Abb. 9), die Basis für Geschäftsmodelle sein können: a) ein Segment, das einen hohen Wert auf allgegenwärtigen Zugriff auf Information und Kommunikation aus diversen Quellen legt, Print eher ablehnt, neueste Technologien bevorzugt, möglichst die Integration auf einem Gerät anstrebt und sich preissensibel verhält, b) ein Segment – im extremen Kontrast – mit starker Verankerung im Lokalen (Nachrichten, Werbung) und in

2 http://www.thedaily.com.

Vertrautheit, Print bevorzugt und mobilen Zugang lediglich komplementär nutzen würde sowie c) ein Segment mit Überschneidungen zu beiden vorhergehenden Segmenten, das zwar neue Technologien nutzt, aber Wert auf Bekanntheit, Prestige und Qualität der Medienmarke sowie die journalistische Leistung legt und weniger preissensibel reagiert.

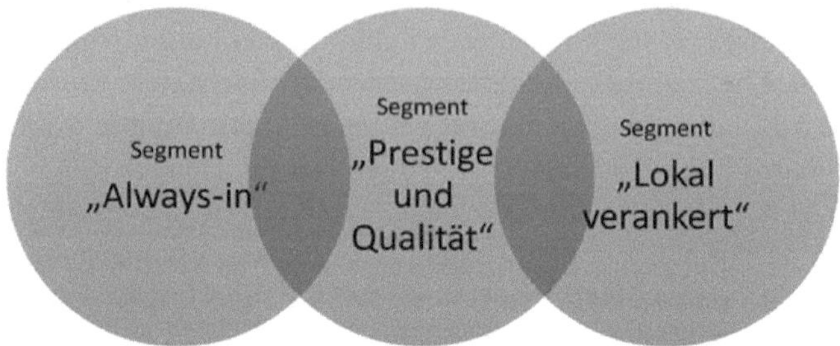

Abbildung 9: Segmente mobiler Geschäftsmodelle (in Anlehnung an Ihlström Eriksson/Kalling/Akesson/Fredberg 2008)

Mit dieser Marktsegmentierung sind einige wichtige und differenzierende Grundannahmen für mobile Services verbunden, die eine Basis für die konkrete Gestaltung von Geschäftsmodellen sein können.

Innovative mobile Services können differenzierte Werte für Konsumenten (u.a. Availability, Relevance, Sociability) und Werbekunden (u.a. Increased Reachability, Tracking, Targeting, Enhanced Interactivity) schaffen (vgl. Akesson 2006, S. 15). Das Prinzip der Individualisierung steht dabei häufig an zentraler Stelle.

(c) „Hyperlocal"

Der lokale, bzw. noch kleinteiliger betrachtet, der *hyperlokale Raum* ist ein wesentlicher Stammmarkt der Zeitungsverlage (vgl. Riefler 2009). Der klassische Zeitungsmarkt ist neben meist wenigen überregionalen Zeitungen geprägt durch eine Vielzahl von regionalen und lokalen Zeitungen. Lokale Werbemärkte sind für diese Zeitungen die wichtigste und stabilste Finanzierungsquelle (vgl. WAN 2009). Auch dieser Markt findet unter dem Schlagwort *Hyperlocals* seine Übertragung in das Internet – stationär wie mobil.

> Gemeint sind damit Internet-Angebote, die lokale Nachrichten und andere Informationen in engsten geographischen Räumen abdecken (Riefler 2009, S. 5).

Hyperlocals sollen die Zukunft des Lokaljournalismus sein. Aber auch dieser Stammmarkt wird zunehmend bedroht durch diverse branchenfremde Anbieter:

„Are hyperlocal news sites replacing newspapers?“, fragte kürzlich das *Time Magazine* (Moskowitz 2010). Die Zeitungen haben offenbar, so wird vermutet, die soziale und interaktive Funktion der Communities vernachlässigt. In der lokalen Verbundenheit und in der Aufbereitung lokaler Nachrichten liegt die Kernkompetenz der Lokalzeitungen (vgl. Krueger/Swatman 2004).

Zunächst wurde die Lücke durch selbstmoderierte Bürgermedien (z.B. *Placeblogger* oder *iBrattleboro.com*) gefüllt. Später erkannten Start-ups (wie beispielsweise *Outside.in*) Chancen im Lokalen. Inzwischen sind große Internet-Unternehmen expansiv auf diesem Markt tätig. AOL etwa investiert 50 Mio. Dollar und will seine Online-Community *Patch* in den USA von momentan 100 auf 500 Ableger ausbauen (vgl. Moskowitz 2010). Viele dieser Anbieter entwickeln allerdings keinen eigenen Content, *Outside.in* beispielsweise sammelt lediglich lokale Artikel und Blogs und aggregiert sie nach lokalen Gesichtspunkten.

Erfolgreiche journalistische Hyperlocals (vgl. Riefler 2009, WAN 2009) sind häufig dezidiert Content-orientiert (wie z.B. *Bluffton Today*, USA, die *Jungfrau Zeitung*, Schweiz oder *NaseAdresa*, Tschechien). Sie zeichnen sich darüber hinaus durch eine intensive Community-Orientierung aus, die auf unterschiedlichen Wegen Kommunikation und Networking anbieten. Die Kombination mit der Print-Ausgabe ist für diese Beispiele wesentlich, wird jedoch durchaus differenziert gestaltet. *Bluffton Today* ist eine redaktionell erstellte Print-Tageszeitung, die durch eine vorwiegend durch User-generated Content getragene hyperlokale Website begleitet wird. Die Print-Ausgabe der *Jungfrau Zeitung* erscheint zweimal wöchentlich und bildet als reines „Web-to-Print-Produkt“ die Neuigkeiten aus der Website ab (vgl. Riefler 2009, S. 11), inkl. aller Anzeigen. Auf der Website der *Jungfrau Zeitung* werden zunehmend audiovisuelle Content-Formen angeboten, die durch die Lokaljournalisten selbst erstellt werden.

Die Erlösmodelle der Hyperlocals haben die lokalen Werbemärkte im Blick, sie erschließen dabei die bislang oft vernachlässigten Kleinkunden mit geringen Budgets und entwickeln vielfältige Angebote (z.B. exklusives Sponsoring der Video-Beiträge bei der *Jungfrau Zeitung*).

(d) Individualisierung

Die Individualisierung von Medien wird einerseits nutzerseitig durch entsprechende Präferenzen getrieben (vgl. Wolling 2009, PricewaterhouseCoopers 2009). Auf Seiten der Medienproduktion wird die Individualisierung durch die Adaption von Konzepten der Mass Customization ermöglicht (vgl. Schoder 2009). Die Individualisierung einer Leistungserstellung zielt auf eine Erlössteigerung ab, die sich aus dem Mehrwert einer an die spezifischen Bedürfnisse des Kunden zugeschnittenen Problemlösung ergibt (vgl. Sääksjärvi/Santonen 2003,

Schoder 2009, S. 7). Die Individualisierung von Mediendienstleistungen wird zunächst meist mit digitalen – oft internetbasierten – Medien wie beispielsweise Online-Zeitungen (vgl. Sääksjärvi/Santonen 2003) verbunden, entsprechende Geschäftsmodelle sind technisch inzwischen aber auch auf trägergebundene Printmedien übertragbar (vgl. Keller 2009).

Diesem Prinzip folgte *niiu*[3] (Armbruster/Nohr 2010), die erste individualisierte gedruckte Tageszeitung in Deutschland. Die Zeitung war seit November 2009 als weltweit erstes Produkt dieser Art auf dem Markt, zunächst im Pilotgebiet Berlin. Das individualisierte Produkt adressiert – wie im klassischen Zeitungsgeschäft – einen zweiseitigen Markt für Konsumenten (Leser) und für Werbekunden. Beiden Kundengruppen wird durch Individualisierung ein Mehrwert (Value Proposition) geboten.

niiu bot mit diesem Konzept den Lesern Content aus 18 Zeitungen und rund 500 Internet-Diensten. Den Werbekunden wurde eine differenzierte zielgruppenspezifische Anzeigenschaltung (Targeting) auf Basis der Konsumentenprofile angeboten. Im Januar 2011 wurde *niiu* – nach Angaben der Herausgeber – vorübergehend eingestellt, da die angestrebten Leserzahlen nicht erreicht werden konnten.

Mit *niiu* wurde ein für das Massenmedium Zeitung klassisches Erlösmodell aus dem Verkauf redaktioneller Inhalte und der Vermarktung von Konsumentenzugängen an Werbetreibende (Werbeerlöse) verfolgt. Dabei wurd dieses klassische Erlösmodell um die Konzepte der Individualisierung für den Verkauf redaktioneller Inhalte und des Targeting für die Vermarktung der Konsumentenzugänge an Werbetreibende spezifiziert und damit vom Massenmedium abgelöst. An Werbetreibende wird mit einem solchen Konzept nicht mehr eine unspezifizierte Reichweite verkauft, sondern eine zielgruppenspezifische und streuungsfreie Reichweite (vgl. Keller 2009). Die Mehrwerte der Individualisierung und des Targeting versprechen tendenziell die Realisierung höherer Vertriebserlöse (vgl. Schoder 2009).

Seit Februar 2010 ist mit *PersonalNews*[4] eine weitere individuelle Tageszeitung auf dem Markt, die zunächst nur als digitale Version vertrieben wird. Der Abonnent kann dabei zwischen einer PDF-Version und einer webbasierten E-Reader-Variante (Kindle, iPad) wählen. Die Seiten der Partnerzeitungen werden 1:1 übernommen, die Zeitungsverlage sind an den Vertriebserlösen beteiligt. Targeting-Werbung ist derzeit in der Planung.

Eine besondere Unterstützung für Geschäftsmodelle wird durch entstehende lock-in-Effekte einer Individualisierung erwartet (vgl. Sääksjärvi/Santonen 2003), da beispielsweise über die Lesehistorie die Interessenprofile der Abon-

3 http://www.niiu.de/.

4 https://www.individuelle-zeitung.de/.

nenten stetig angepasst und so das kundenspezifische Qualitätsniveau (vgl. Keller 2009) optimiert werden kann.

4.2 Eine ressourcen- und kompetenzorientierte Diskussion

Ein wirksames und nachhaltiges Geschäftsmodell für Zeitungsverlage benötigt eine Wertschöpfung, die für Konsumenten Nutzen generiert (Value Proposition), damit diese Bereitschaft entwickeln, für die erbrachte Leistung ein angemessenes Entgelt zu entrichten. Die Leistungserstellung erfolgt – wie in Abschnitt 2 dargestellt – über eine Wertschöpfungsarchitektur, die eine Vielzahl möglicher Elemente enthält, u.a. *Kernressourcen* bzw. *Kernfähigkeiten.* Zeitungsverlage diskutieren insbesondere über ihren Content als Kernressource (oder *core asset*) und sehen in den Fähigkeiten zur Erzeugung von „high quality news content" – für den Konsumenten verschiedenen Studien zufolge eine Zahlungsbereitschaft entwickeln würden – ihre Kernfähigkeiten bzw. Kernkompetenzen. Wie aber definiert sich „high quality news content" im konkreten Zusammenhang? Auf welche Weise wird Wert (Value) geschaffen und wie differenziert sich diese Wertschöpfung (über die Konsumenten hinaus) für verschiedene strategische Stakeholder der Zeitungsverlage aus?

Der *ressourcen- bzw. kompetenzorientierte Ansatz* des strategischen Managements erklärt die Überlegungen einer grundsätzlichen Unterscheidung zwischen (Branchen-) Umwelt und dem Innenleben eines Unternehmens und lenkt den Fokus der Betrachtungen auf die internen Ressourcen einer Unternehmung und deren spezifischen Einsatz im Rahmen der Wertschöpfung. Auf dieser Basis wird auf unterschiedliche Weise erklärt, wie und wodurch Wettbewerbsvorteile von Unternehmen erschlossen werden (vgl. allgemein Freiling 2001 und mit Bezug auf Medienunternehmen Kaspar/Hagenhoff 2003, Wirtz 2009, S. 61 ff.). Core Assets sind unternehmensspezifische Ressourcen, die eine besondere Werthaltigkeit für die Wertschöpfung eines Unternehmens besitzen. Kernkompetenzen ermöglichen den Wertschöpfungsprozess, indem Core Assets zu Marktleistungen kombiniert werden, sie tragen entscheidend zum wahrgenommenen Kundennutzen – dem Wert für den Kunden – bei, erzeugen eine Differenzierungswirkung und verhelfen so zu einem nachhaltigen Wettbewerbsvorteil. Assets und Kompetenzen wirken nur dann nachhaltig und differenzierend, wenn sie wertvoll und selten sind und für den Wettbewerb nicht-imitierbar und nicht-substituierbar (vgl. Küng 2008, S. 115) sind.

Eine ressourcen- und kompetenzorientierte Analyse zur Erreichung von Wettbewerbsvorteilen durch Wertschöpfung kann daher für Zeitungsverlage insbesondere über den Aufbau und die Entwicklung von speziellen Kernfähigkeiten im Rahmen digitaler Geschäftsmodelle ansetzen (vgl. Kranenburg 2007). Für Kranenburg zeichnen Verlage sich durch die spezifischen Kernfähigkeiten „collecting, processing and analyzing news, entertainment and information for their customers" (2007, S. 6) aus, während andere Aktivitäten nicht die Kernwertschöpfung der Zeitungsverlage beeinflussen. Die notwendige Basis für einen nachhaltigen Wettbewerbsvorteil bieten nach Kranenburg jedoch nur aus Kundensicht unterscheidungsfähige bzw. differenzierende Kompetenzen. Wirtz nennt mit dem Content-Sourcing und der Content-Creation, der Produktentwicklungskompetenz und der cross-medialen Vermarktungskompetenz vier zentrale Kernkompetenzen von Zeitungsverlagen (vgl. Wirtz 2009, S. 188). Krueger und Swatman (2004) ergänzen den geografischen (lokalen bzw. regionalen) Fokus dieser Kompetenzen. Neuere Umfragen (vgl. PricewaterhouseCoopers 2009) bestätigen die Bedeutung einer solchen Orientierung der Zeitungsverlage an den Kernkompetenzen für die Deckung der Nachfrage nach spezialisierten, zielgruppengerichteten und werthaltigen Informationen für ihre Kunden insbesondere hinsichtlich der Realisierung digitaler Geschäftsmodelle. „The differentiation between online products mainly has to focus on the information provided" (Kranenburg 2007, S. 91), also durch die Spezifität des Contents und dessen Veredelungsstufen.

Die Möglichkeiten einer Schärfung der Kernkompetenzen sehen Krueger/van der Beek/Swatman (2004) auf vier alternativen Ebenen: a) dem *content level*, b) dem *regional level*, c) dem *technology level* und d) in einer *Vernetzung mit komplementären Partnern*, die einzigartige Leistungen zuliefern und damit die Wertschöpfung differenzieren. Diese Alternativen sind kontextabhängig, in verschiedenen Kontexten unterschiedlich wirkungsvoll und damit – wenn überhaupt – nur in spezifischen Zusammenhängen sinnvoll und differenzierend. Den *content level* können Anbieter thematisch relativ spezifischer Inhalte erfolgreich adressieren. In diesem Zusammenhang werden immer wieder das *Wall Street Journal* und die *Financial Times* als erfolgreiche Beispiele einer Erlösgenerierung aus Paid Content für exklusiven Content angeführt. Für Anbieter genereller Nachrichten – die große Masse der Zeitungsverlage – muss diese Ressourcenstrategie kritischer bewertet werden – insbesondere im Internet. Die erfolgreiche Adressierung des *regional level* ist abhängig von einer intensiven regionalen Verankerung mit der Folge eines intensiven Involvement der regionalen Zielgruppen. Wie die Erfahrungen aus den hyperlokalen Ansätzen zeigen, wird dieses Involvement nur mit hohem Aufwand und in seltenen Fällen erreicht. Eine Differenzierung auf dem *technology level* kann bestenfalls kurzfristig – kaum nachhaltig – wirkungsvoll sein, da Technologien heute als Commodities zwar notwendig sind und vom Konsumenten erwartet werden, aber qualitativ keine Differenzierungswirkung entfalten. Eine Technologiestrategie ist für Zeitungsverlage dennoch unverzichtbar (Sylvie 2008) zur Verteidigung von Wettbewerbspositionen vor dem Hintergrund sich schnell verändernder Erwartungshaltungen der Nutzer im Internet. Die Kombination exklusiven Contents und innovativer Technologieanwendung kann jedoch durchaus eine Kompetenz mit differenzierender Wirkung sein, die schwer imitierbar und damit nachhaltig sein kann. Die *Vernetzung mit komplementären Partnern*, die einzigartige und differenzierende Leistungen in ein Angebotsportfolio einbringen, zielt auf eine andere Ebene der Kompetenzen, die eher eine – ggf. auch kurzfristige und dynamische – Netzwerkfähigkeit, also eine Verhaltensfähigkeit, beschreibt. Hier spielt ein Kontinuum aus ad hoc-Netzwerken, strategischen Allianzen oder strategischen Unternehmenszusammenschlüssen eine Rolle, die beispielsweise in Value Networks die Fähigkeit der Innovation steigern (z.B. von Zeitungsverlagen, Anbietern mobiler Endgeräte, E-Paper-Anbietern und Standardisierungsgremien und Konsumenten). Andere Partnerschaften sind vorzugsweise Content-orientiert, sie bringen beispielsweise eine Differenzierung über das Angebot von Content-Formen ein, etwa audiovisuelle Angebote im Portfolio der Online-Angebote der Zeitungen. Aktuelle Beispiele sind die Content-orientierten Kooperationen der *WAZ* mit dem *WDR*, von *MDR* und *SZ-Online (Sächsische Zeitung)* oder die Kooperation auf dem Gebiet von Wissenschafts-Podcasts der Zeitschrift *Bild der Wissenschaft* (aus dem Konradin Verlag) mit dem regionalen Radiosender *Radio Seefunk*.

Die Wertschöpfung eines Unternehmens „schafft Werte". Werte beruhen allerdings auf einer Wertzuschreibung durch eine bestimmte Anspruchsgruppe bzw. Anspruchsgruppen. Die Transformation dieser Werte in einen Unternehmenserfolg (z.B. durch Erlösgenerierung) ist daher auch letztlich abhängig von der Zuschreibung einer Werthaltigkeit durch die Anspruchsgruppen der Unternehmung. Stakeholder[5] entscheiden also letztlich über die Werthaltigkeit einer verlegerischen bzw. journalistischen Leistung je für sich. Die Konsumentengruppen bzw. sonstigen Stakeholder einer Wertschöpfung können aber tatsächlich, insbesondere im journalistischen Kontext, extrem vielfältig und heterogen in ihren Interessen sein. Die Zeitung mit ihren öffentlichen Aufgaben im Sinne einer demokratischen Institution zielt etwa primär auf eine Schöpfung von Wert für die Gesellschaft ab, Werbetreibende oder Finanzinvestoren können andere Interessen hegen. Der *Stakeholder-Ansatz* setzt an der Wertschöpfung eines Unternehmens an, die von divergenten Gruppen unterschiedlich interpretiert werden kann. Er ergänzt den ressourcen- und kompetenzorientierten Ansatz um die Frage, welche Werte für welche Gruppen geschaffen werden sollen (vgl. Karmasin 2006). Picard (2006, S. 75 ff.) konzeptualisiert ein Modell der journalistischen Wertschöpfung und deren fünf Stakeholder[6], visualisiert in einem Radarchart (siehe Abb. 10, links). Über mehrere Schritte stellt er den Wandel der Ausrichtungen im zeithistorischen Verlauf dar. Die journalistische Wertschöpfung in der

5 *Stakeholder* wird hier als strategische Anspruchsgruppe betrachtet.

6 Ein weitaus differenzierteres Stakeholder-Modell für Medienunternehmen entwickelt Karmasin (2006, S. 78).

Zukunft, wie in der Abbildung 10 (rechts) in Anlehnung an Picard gezeigt wird, hat eine Ausrichtung auf multiple Stakeholder.

Im so genannten „Golden Age“ (vgl. Picard 2006, S. 76-77) der News Organizations in den 50er bis 70er Jahren orientierte sich Wertschöpfung primär an der Gesellschaft und an den journalistischen Vorstellungen und Erwartungen. Mit dem enormen Anwachsen der Werbeeinnahmen und dem Engagement externer Investoren fand seit den 80er Jahren ein Wandel hin zu einer Ausrichtung auf die Wertschöpfung primär für diese beiden Anspruchsgruppen statt[7]. Im Umfeld einer stetig differenzierter werdenden Nutzung von Nachrichten und Informationen, einer hohen Wettbewerbsintensität im Nachrichtenmarkt und einem vielfältig ausdifferenzierten Mediennutzungsverhalten, verbunden mit sinkenden Werbeeinnahmen, postuliert Picard (ebenso Sylvie 2008) die Notwendigkeit einer multiplen Ausrichtung auf Stakeholder, die einen Schwerpunkt auf die Konsumenten enthält.

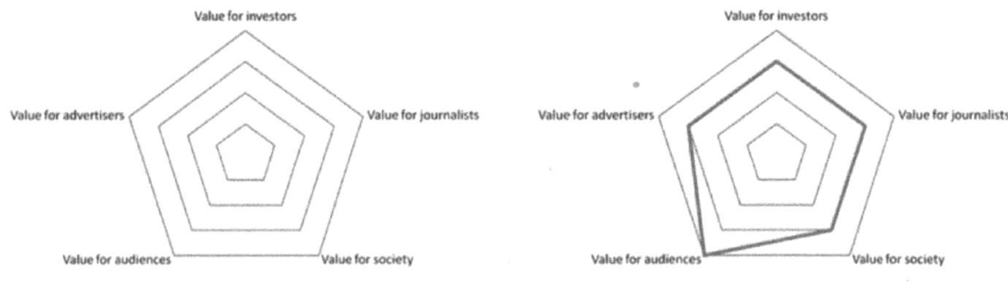

Konzeptualisierung der Wertschöpfung einer „News Organization“

Zukünftige Wertschöpfung einer „News Organization“

Abbildung 10: Wertschöpfung in der Zukunft (in Anlehnung an Picard 2006, S. 75 ff.)

Die rückläufigen Erlösströme der Zeitungsverlage sind im Kern weniger ein Problem der Erlösmodelle, sondern liegen im Angebot und in den überholten Value Propositions begründet:

> The biggest problem of media business models today is not that the revenue model is diminishing in effectiveness, but that most media companies are still trying to sell nineteenth and twentieth century products in the twenty-first century. And they are trying to do so without changing the value they provide and the relationships within which they are provided (Picard 2010a).

Content-orientierte Geschäftsmodelle waren für Zeitungsverlage auch in der Vergangenheit hinsichtlich der Erlösgenerierung (allein) nicht tragfähig, wenigs-

7 Die Darstellung ist weitgehend vom US-Medienmarkt geprägt, lässt sich aber mit veränderten Zeiträumen durchaus auf europäische Verhältnisse übertragen.

tens nicht seit Mitte des 19. Jahrhunderts. Wir haben heute keine Anzeichen dafür, dass sich diese Tatsache gerade im Internet ändern könnte (vgl. Kansky 2009, S. 6). Im Gegenteil, die hohe Wettbewerbsintensität im Internet wird diese Basis tendenziell weiter schwächen. „The end of paid content", sagt Anderson (2009, S. 140 ff.) voraus und nennt dafür mehrere Gründe, deren wesentliche aus unserer Sicht sind:

1. Eine extrem wachsende Menge an Content, bei begrenzt wachsender Nachfrage bzw. menschlicher Verarbeitungskapazität.
2. Das Interesse der IT-Industrie an kostenlosem Content, der den Wert der Endgeräte treibt und deren Absatz fördert.
3. Das Medien- und Konsumverhalten der „Generation free", die Paid Content und Copyrights geradezu ablehnt.

Die traditionellen – ggf. zu revitalisierenden – Kernkompetenzen der Zeitungsverlage aber erscheinen durchaus geeignet, neue Formen der Wertschöpfung im Internet zu stützen. Relevanter und werthaltiger Content bietet etwa weiterhin einen wichtigen Diskurskontext in sozialen Medien. Notwendige Voraussetzung dafür ist, dass die Verlage entscheidende Fragen beantworten – „Welche Werte wollen wir schaffen?" und „Für wen wollen wir Werte schaffen?" – und daraus differenzierte Value Propositions in ihren Geschäftsmodellen formulieren und ihre Strategien auf eine stakeholderorientierte Wertschöpfung ausrichten (vgl. ausführlich dazu Picard 2006).

5. *Vom Content in die Interaktion der sozialen Medien*

Von McLuhan haben wir bereits 1964 gelernt, „dass das Medium die Botschaft ist, weil eben das Medium *Ausmaß und Form des menschlichen Zusammenlebens gestaltet und steuert*" (dt. 1992, S. 18, Hervorh. durch den Verf.). Und diese Tatsache bewahrheitet sich derzeit einmal wieder im Zuge der Entwicklung von Social Media im Internet: Die Art und Weise, in der wir uns informieren, Nachrichten konsumieren oder interagieren über gesellschaftliche Kontexte – kurz: unser menschliches Zusammenleben gestalten – hat sich durch Social Media in kürzester Zeit radikal gewandelt. Und diese Wandlungsprozesse stehen derzeit erst am Beginn ihrer Entwicklung.

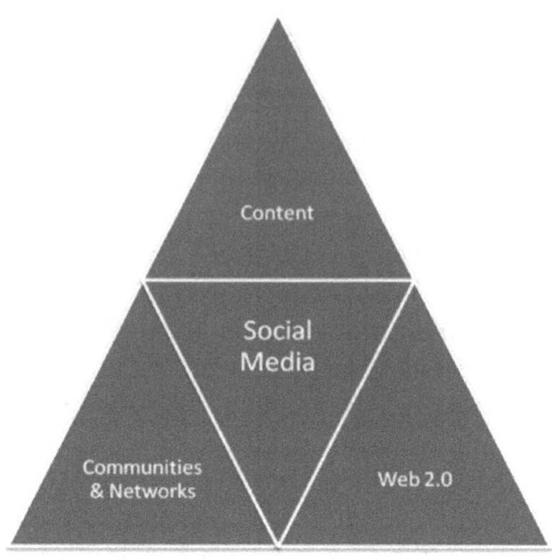

Abbildung 11: Das Social Media-Dreieck (in Anlehnung an Leinonen 2009, S.71)

Das Konzept *Social Media* führt – wie im "Social Media-Dreieck" in Abbildung 11 dargestellt – auf der Basis von Web 2.0-Technologien Aktivitäten wie Content-Erstellung und -teilung in einem Diskursrahmen von Netzwerken und Gemeinschaften zusammen (vgl. Leinonen 2009, S. 52). "From influential bloggers to community networks and activists, this new sphere of activity offers new competition for the mainstream media" (Newman 2009, S. 5). Während die klassischen Institutionen – „alte Medien" wie die Zeitung – nachhaltig an Reichweite und Einnahmen verlieren, wächst Social Media rasant: 2009 stieg die monatliche Reichweite von Twitter beispielsweise um 200 Prozent, im März 2010 verzeichnete der Microblogging-Dienst 22,3 Millionen einzelne Nutzer. Facebook erreichte in Deutschland im Februar 2010 rund 13 Millionen Unique Visitors, international liegt die Zahl der Mitglieder bereits bei über 500 Millionen.

Weltweit werden im Jahr 2010 $3.3 Milliarden (davon USA $1.68 Milliarden) für Werbung in sozialen Medien ausgegeben. Für 2011 werden weltweit $4.26 Milliarden (davon USA $2.09 Milliarden) prognostiziert. Die Werbeeinnahmen von *Facebook* werden für 2010 mit $1.28 Milliarden beziffert[8]. Die gezielten und kontextabhängigen Werbeschaltungen sind für Werbetreibende in einem Maße attraktiv, dass weiterhin eine Verlagerung der Werbeausgaben in diese Dienste fließen wird. Neue mobile Services wie *Places* werden diesen Trend weiter verstärken. Der neue Location-Dienst von *Facebook* ortet den Nutzer über Satellitennavigation (GPS). Damit geht *Facebook* einen wichtigen Schritt, lokale

8 Zahlen ermittelt von eMarketer, www.emarketer.com.

Werbung ins Internet zu verlagern und gibt lokalen Händlern die Möglichkeit gezielt Werbung an Menschen zu senden, die sich in der Nähe aufhalten. Die hyperlokalen Anstrengungen der Zeitungen wird dies nicht erleichtern. Auch *Twitter* hat im April 2010 angekündigt, kontextbezogene Werbung einzuführen.

Wir erleben hier Mechanismen einer vollständig neuen Medienökonomie im Internet, die Zeitungsmacher bislang kaum verstehen gelernt haben. So wird beispielsweise die Profitabilität sozialer Netzwerke gerne in Frage gestellt (wie z.B. von Meier 2009). Dabei sind es die Zeitungen, die an überholten Vorstellungen der Massenmedien und Geschäftsmodellen festhalten (vgl. Carter 2009) und diesen Kampf doch längst verloren haben bzw. an längst überholten Schauplätzen und um längst überholte Ziele – wie etwa gegen *Google News* – führen (vgl. Klempert 2010).

> Mit der Abschottung ihrer Inhalte schaden sich die klassischen Medien letztlich selbst. Denn dies wird auf Dauer dazu führen, dass die Inhalte nicht mehr wahrgenommen werden (Klempert 2010, S. 42).

Das Internet und speziell die verschiedenen Formen von Social Media funktionieren – trotz der imponierenden Mitgliederzahlen – nicht wie Massenmedien, sie sind Communities oder Netzwerke, gekennzeichnet durch direkte Beziehungen und User-generated Content. Die Kontrolle über Inhalte liegt nicht in den Händen eines Redakteurs oder einer Redaktion, sie liegt in den Händen der einzelnen Nutzer. Was sie von den Zeitungen – auch deren Online-Ableger – unterscheidet ist die primäre Orientierung an Beziehung, Interaktion und Kommunikation. User-generated Content ist allerdings häufig die Basis für die Diskussion der Netzgemeinschaften, z.B. Video auf *YouTube* oder Text in einer der vielen Weblogs (kurz: Blogs) in der Blogosphäre. Die Blogs – die den Zeitungen ähnlichste Form sozialer Medien – decken heute eine ganze Bandbreite ab, von den privaten Tagebüchern für wenige Freunde und Bekannte über politische Blogs bis zu professionellen Themenblogs von Journalisten und Wissenschaftlern (siehe z.B. die Blogs von Meckel und Picard im Literaturverzeichnis). Wir finden heute kaum mehr einen Themenbereich, in dem es nicht eine Vielzahl von Blogs gibt. Gerade diese Blogs sind heute für (werbetreibende) Unternehmen von hoher Meinungsrelevanz, da sie thematisch/fachlich fokussierte Diskussionen und Meinungsbildung in Interessentenkreisen abbilden. Medienmarken verlieren in diesem Zusammenhang eher an Bedeutung und treten hinter die Bedeutungszuweisung durch die Mitglieder einer Community oder von Freunden und Bekannten zurück. Diese soziale Interaktion schafft Wert, nicht die Marke eines Medienunternehmens. Allerdings können wir beobachten, dass Personenmarken etwa von Journalisten in sozialen Medien – beispielsweise in der Blogosphäre – an Bedeutung gewinnen. In den Blogs der *FAZ* finden wir beispielsweise eine konsequente Ausbildung von Personenmarken einzelner Blogger bzw. Journalisten. Auf Personenmarken im Rahmen sozialer Medien setzen auch Zeitungen wie der

Telegraph oder die *New York Times* und der News-Sender *CNN* (Newman 2009, S. 46).

Die „alten Medien“ sind allerdings längst ein besonderer Teil der sozialen Medien geworden: weit über 90 Prozent der Links in US-Blogs zielen auf den Content der Online-Seiten klassischer Medienhäuser (Pew Research Center 2010). In *YouTube* wird teils intensiv über den Content aus Medienunternehmen diskutiert. Einen erheblichen Teil der Kommunikation in *Twitter* machen heute Hinweise auf Beiträge in Blogs oder den klassischen Medien aus – oft in Verbindung mit kurzen Kommentaren der User (vgl. Pew Research Center 2010, Klempert 2010). Und *Digg* – ein Anbieter von Social Bookmarks – hat sich auf jede Art von Nachrichten, Videos und Podcasts und deren Kommentierung und Empfehlung durch Nutzer spezialisiert. Zu einer der Hauptorte für die Diskussion über redaktionellen Content aus Medienunternehmen ist inzwischen *Facebook* geworden – und das nicht vorwiegend auf den Facebook-Auftritten der Zeitungen und Zeitschriften. Über den redaktionellen Content von Zeitungsverlagen und anderen Medienunternehmen wird längst diskutiert – in den verschiedenen sozialen Medien (vgl. Bernet 2010). „Social recommendation has begun to play a significant role in driving traffic to traditional news content” (Newman 2009, S. 2). Im Jahr 2009 verzeichnete der *Telegraph* bereits mehr als 8 Prozent der Website-Aufrufe über Verlinkungen aus sozialen Medien. Dies wird wohl nur so bleiben, wenn die Inhalte weiterhin kostenlos sind (vgl. Bernet 2010).

Zeitungsverlage und Journalisten engagieren sich zunehmend in sozialen Medien. Das Selbstverständnis und die Arbeitsweisen von Journalisten unterliegen damit einem fundamentalen Wandel, neue Rollen in den Redaktionen entstehen, beispielsweise Social Media-Redakteure oder Twitter-Korrespondenten (vgl. Newman 2009). Dabei stellt die wachsende Vielzahl der Dienste Zeitungen vor die Notwendigkeit, strategisch fundierte Planungen über ihr Engagement in sozialen Medien aufzusetzen. Undifferenziert eine große Menge der verschiedenen sozialen Medien zu bedienen, scheint dabei wenig erfolgversprechend.

Abbildung 12: Social Bookmarks zu Artikeln im Telegraph

Die verschiedenen sozialen Medien weisen unterschiedliche Eigenschaften auf. Im Geflecht der sozialen Medien nehmen sie daher deutlich zu differenzierende mediale Rollen ein und sprechen ebenso deutlich unterschiedliche Szenarien der Mediennutzung an wie auch unterschiedliche Zielgruppen (vgl. Grimm/Büttgen 2009 im Kontext von Innovationsprozessen). *Twitter* (News Sharing), *Digg* oder *StumbleUpon* (News Recommendations) unterscheiden sich so klar von *MySpace* oder *Bebo*, die eher eine Ausrichtung auf Unterhaltungsmedien einnehmen. Für Verlage bedeutet dies, dass nur eine klare strategische Ausrichtung und eine Social Media-Strategie erfolgreich in ein Geschäftsmodell überführt werden kann. Auch in diesem Zusammenhang stellt sich die Frage nach der Wertschöpfung und den Zielgruppen der Wertschöpfung und damit wesentlichen Bestandteilen eines Geschäftsmodells. *DerWesten* – das Portal der WAZ-Gruppe – konzentriert sich beispielsweise auf ein Engagement bei Facebook und *Twitter* (siehe Abb. 13). Beide Dienste werden aus der Redaktion vom Newsdesk bedient.

Abbildung 13: DerWesten twittert Nachrichten vom Newsdesk, Leser kommentieren

Manche Zeitungen bieten eigene spezielle Anwendungen in sozialen Netzwerken – vorzugsweise in Facebook – an. Vorreiter sind dabei die britische Zeitung *The Guardian* und *The Washington Post*. Letztere geht mit dem Washington Post Social Reader (siehe Abb. 14) noch einen Schritt weiter, indem sie Content von diversen Partnern (etwa anderen Zeitungen, Magazinen oder Nachrichtenagenturen) einbindent. Interessant ist bei diesen Facebook-Anwendungen die Verschmelzung von Nachrichtenseiten mit den Funktionen sozialer Netzwerke. Dabei werden insbesondere die persönlichen Empfehlungen von Facebook-Freunden integriert. Darüber hinaus werden aber auch deren gelesene Artikel im Facebook-Freudeskreis geteilt.

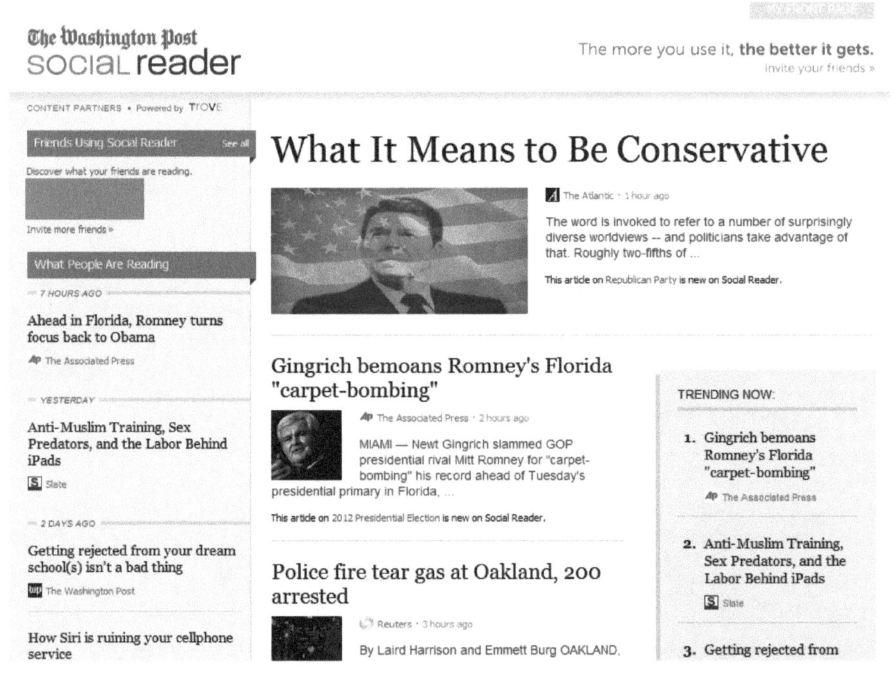

Abbildung 14: Der Washington Post Social Reader (Facebook)

Versuchen wir einige erste Schlüsse aus den skizzierten Entwicklungen für das Handeln von Zeitungsverlagen jenseits ihrer klassischen Content-orientierten Geschäftsmodelle zu ziehen, indem wir wieder den Ansatz der Wertschöpfung für Stakeholder heran ziehen:

- Beziehungen, Interaktion und Kommunikation ziehen Menschen heute auf Websites, durch diese sozialen Funktionen wird in ihren Augen Wert geschaffen.
- Redaktioneller Content erhält einen Wert zugeschrieben, wenn er in spezifischen Kontexten ausgetauscht und in einer Community diskutiert und bewertet werden kann.
- User-generated Content ist werthaltig aus der Sicht jeweils spezifischer Zielgruppen, er repräsentiert die Meinung bzw. den Diskurskontext einer sozialen Gruppe.
- Die Kontrolle der User über den eigenen Content besitzt einen Wert in deren eigenen Augen.
- Der Wert von Medienmarken tritt zunehmend zurück hinter einer Bedeutungszuweisung der Community durch Kommentierungen, Empfehlungen und Bewertungen.
- Das massenmediale Paradigma verliert an Wert für alle Stakeholder und Zielgruppen.
- Journalisten haben neue Möglichkeiten, intensiver und differenzierter in einem Kontinuum aus Qualitätscontent, Nutzercontent und kommunikativem Diskurs Wert zu schöpfen.
- Für die Journalisten kann der Wert über die neuen Möglichkeiten der Etablierung einer Personenmarke steigen.
- Wertschöpfend für Werbetreibende sind Möglichkeiten der gezielten und kontextbezogenen Werbeschaltung (Targeting).
- Gesellschaftliche Wertschöpfung verlagert sich in das Netz und wird durch die Vielzahl der Beteiligungsmöglichkeiten werthaltiger, im Sinne von vielfältiger, repräsentativer und engagierter.

Social Media und deren ökonomische Auswirkungen auf die Geschäftsmodelle der Zeitungsverlage sollen abschließend noch nicht bewertet werden. Zu jung ist die Entwicklung, zu schnell erleben wir den Aufstieg neuer Ausprägungen von Social Media. Gravierend und weiterhin dynamisch – dies kann als sicher gelten – werden die Auswirkungen auf jeden Fall sein. Zeitungen haben bislang keine nachhaltige strategische Antwort auf die medialen Herausforderungen der sozialen Fragmentierung unserer Gesellschaft und der Nachfrage nach interaktiven Services sozialer Gruppen gefunden (vgl. Wilman-Iivarinen 2009).

Während eine Bewertung aus ökonomischer Sicht abschließend noch nicht gezogen werden kann, wird die Entwicklung der sozialen Medien mit Sicht auf die Öffentlichkeit durchaus positiv gesehen:

> While many bemoan the loss of responsibility and restraint in the new digital press, this system has a number of discernible benefits. It is more representative of America, more democratic, more engaging and more diverse than its traditional counterparts. Unlike the "objective" press of the 20th century that largely ignored alternative lifestyles, racial mi-

> norities, and social and political views outside the mainstream, today we have the greatest diversity of viewpoints in American media history (West 2009, S. 3).

Diese Aussage gilt sicher nicht weniger für die Verhältnisse in Deutschland und vielen anderen Staaten. In den offenen Diskursstrukturen der sozialen Medien werden vielfach demokratischere und vielfältigere Beteiligungsmöglichkeiten – und damit eine Stärkung der Zivilgesellschaft – gesehen, als dies in den klassischen Massenmedien der Fall war (McQuail 2010, Picard 2010b).

6. Fazit und Ausblick

Die strukturellen Veränderungen auf den Medien- und Werbemärkten lassen die klassischen Geschäftsmodelle der Zeitungsverlage erodieren und stellen damit die ökonomische Institution der Zeitung in Frage. Ihre Funktion als demokratische Institution ist mindestens teilweise durch das Netz bereits übernommen.

Das Verschwinden der Zeitungen – zumindest doch vieler Blätter – kann heute nicht mehr ausgeschlossen werden. Eine intensive Auseinandersetzung mit ihren Geschäftsmodellen ist fraglos eine dringliche Aufgabe der Verlage. Der Ansatz dabei kann hinsichtlich der beschriebenen Umweltbedingungen der Zeitungsverlage wohl nur noch revolutionär erfolgen. Eine Beschäftigung dabei muss sich vornehmlich mit den grundsätzlichen Fragen der Schöpfung von Wert und den eigenen Kompetenzen befassen.

„Das Erfolgsmodell" ist nicht in Sicht und auch in der Zukunft kaum mehr wahrscheinlich. Vielmehr werden Zeitungsverlage multiple Geschäftsmodelle (mit multiplen Erlösmodellen) entwickeln müssen. Dieser Prozess ist dynamisch – Innovation der Geschäftsmodelle ist zu einer permanenten Aufgabe für die Verlage geworden, die erfolgreich nur in Netzwerken mit verschiedensten Partnern erfolgreich gemeistert werden kann.

Aus unserer Analyse lassen sich einige Bausteine – ohne Anspruch auf eine Vollständigkeit – multipler Geschäftsmodelle ableiten, die in Kombination mit Aussicht auf Erfolg betrieben werden können. Die Abbildung 15 beschreibt diese Bausteine (vgl. Nohr 2011).

Baustein	Wert-Schöpfung
„(hyper-)localization"	Schaffen Sie Relevanz und Werte für lokale und hyperlokale Anspruchsgruppen: Leser/Konsumenten, Werbetreibende, lokale Partner, Bürger, kulturelle und soziale Einrichtungen, Vereine.
Kundenintegration	Integrieren Sie Kunden in die Wertschöpfung, z.B. durch User-generated Content, als Bürgerjournalisten, Anzeigenpartner, Contentpartner oder als Innovationspartner.
Partnering	Binden Sie Lösungen und Services von (exklusiven) Partnern in die Geschäftsmodelle ein. Schaffen Sie Wert für diese Partner über Ihre Marke.
Value Proposition für Content	Definieren Sie die Werthaltigkeit von Content hinsichtlich Ihrer strategischen Anspruchsgruppen (Value Proposition als Content-Anbieter).
Soziale Interaktion (Social Media)	Integrieren Sie die Zeitungen in interaktive Kontexte sozialer Medien. Entwickeln Sie eine Social Media-Strategie auf Basis einer Definition von Werthaltigkeit und hinsichtlich strategischer Anspruchsgruppen.
Digitale Innovation in Value Networks	Stärken Sie die Innovationsfähigkeit und entwickeln Sie dynamisch neue digitale Innovationen im Rahmen von Value Networks mit relevanten strategischen Partnern.
Personenmarken	Fördern Sie den Aufbau und die Pflege von Personenmarken (z.B. als Blogger oder Twitter) in sozialen Medien und arbeiten Sie an der Übertragung auf die Medienmarke der Zeitung.

Abbildung 15: Ansätze für digitale Geschäftsmodelle der Zeitungen

Die Grundideen dieser Bausteine und ihrer Kombination beruhen auf der Bestimmung einer Value Proposition für strategische Anspruchsgruppen, der vernetzten Wertschöpfung und dem Verständnis einer Zeitung als Community für Interaktion in sozialen Medien.

Der anstehende Wandel wird selten ohne schmerzhafte Brüche ablaufen, er ist aber für die Zeitungsverlage alternativlos.

Akesson, M. (2006): Mobile Service Value – Presenting the Newspaper Publisher View on How to Attract Readers and Advertizers, in: Proc. of the 29th Information Systems Research Seminar in Scandinavia, Denmark, CD-ROM, 2006.

Akesson, M. (2009): Digital Innovation in the Value Networks of Newspapers, Chalmers University of Technology & University of Gothenburg, 2009.

American Press Institute (2006): Blueprint for Transformation, Reston, Virginia, 2006.

American Press Institute (2009): Newspaper Economic Action Plan, Reston, Virginia, 2009.

Anderson, C. (2009): Free: The Future of a Radical Price, New York 2009.

Aris, A. (2011): Managing Media Companies Through the Digital Transition, in: Deuze, M (Ed.): Managing Media Work, Los Angeles 2011, S. 265-278.

Armbruster, S./Nohr, H. (2010): Verlage im digitalen Zeitalter – Innovation in Geschäftsmodellen, in: Khare, A./Mack, O./Mildenberger, U. (Hrsg.): World 3.0 – Wandel durch Innovation in Informations- und Medientechnologien, Berlin 2010, S. 145-163.

Bernet, M. (2010): Medienvergleich: Twitter, Blogs und YouTube ticken anders, in: NZZ Blogs, 1. 7.2010, http://www.nzz.ch/blogs/nzz_blogs/extrablog/medienvergleich_twitter_blogs_und_youtube_ticken_anders_1.6324057.html (Zugriff am: 25.8.2010).

Bernhardt, V. (2009): Strategische Erneuerung von Medienunternehmen – Entwicklung dynamischer Fähigkeiten im Kontext radikalen Wandels (Dissertation an der Universität St. Gallen), http://www.unisg.ch/www/edis.nsf/wwwDisplayIdentifier/3559/$FILE/dis3559.pdf (Zugriff am: 16.07.2009).

Carter, A.Y. (2009): Global Perspective: Seeking a News Business Model for Newspapers, in: Proceedings of the 2009 SNCR Symposium and Awards Gala, San Jose, CA, http://sncr.org/wp-content/uploads/2009/11/Global-Perspective-Newspapers_Carter.pdf (Zugriff am: 22.8.2010).

Chesbrough, H. (2006): Open Business Models: How to Thrive in the New Innovation Landscape, Boston 2006.

Currah, A. (2009): What's Happening to our News: An Investigation into the Likely Impact of the Digital Revolution on the Economics of News Publishing in the UK, Reuters Institute for the Study of Journalism, University of Oxford, 2009.

Engstler, M./Nohr, H. (2010): Zukunft der Verlagsbranche: Trendbeobachtung und abgeleitete Handlungsfelder zur Stärkung der Innovationskraft von Verlagen in der Wirtschaftsregion Stuttgart, Berlin 2010.

Freiling, J. (2001): Resource-based View und ökonomische Theorie: Grundlagen und Positionierung des Ressourcenansatzes, Wiesbaden 2001.

Giles, R.H. (2010): New Economic Models for U.S. Journalism, in: Daedalus 139 (2010) 2, S. 26-38.

Graybeal, G.M./Hayes, J.L. (2010): All The News That's Fit To Pay For Online: The Case for a Modified News Micropayment Model on the Social Web, in: Proc. of the 11. International Symposium on Online Journalism, University of Texas, Austin, Texas, April 23-24, 2010, http://online.journalism.utexas.edu/2010/papers/GraybealHayes10.pdf (Zugriff am: 1.9.2010).

Grimm, K./Büttgen, M. (2009): Einsatzpotenziale von Web 2.0-Anwendungen zur Kundenintegration in Innovationsprozesse, in: Büttgen, M. (Hrsg.): Web 2.0-Anwendungen zur Informationsgewinnung von Unternehmen, Berlin 2009, S. 105-267.

Hackenschuh, K.M./Döbler, T./Schenk, M. (2004): Der Tageszeitungsverlag im digitalen Wettbewerb: Geschäftsmodelle für das Online-Angebot, Baden-Baden 2004.

Heinrich, J. (2001): Medienökonomie, Bd. 1: Mediensystem, Zeitung, Zeitschrift, Anzeigenblatt, 2. Aufl., Wiesbaden 2001.

Holtz-Bochta, C. (2009): Menetekel der Heuschrecken? Der Strukturwandel auf dem deutschen Zeitungsmarkt und die Folgen, in: Koschnick, W.J. (Hrsg.): FOCUS-Jahrbuch 2009 – Schwerpunkt: Die Zukunft der Printmedien. München 2009, S. 213-225.

Ihlström Eriksson, C./Kalling, T./Akesson, M./Fredberg, T. (2008): Business Models for M-Services: Exploring the E-Newspaper Case from a Consumer View, in: Journal of Electronic Commerce in Organizations 6 (2008) 2, S. 29-57.

Isaacson, W. (2009): How to Save Your Newspaper, in: Time Magazine, 16.2.2009, Page 30-33.

Johnson, M.W./Christensen, C.M./Kagermann, H. (2008): Reinventing your Business Model, in: Harvard Business Review 86 (2008) 12, S. 50-59.

Kansky, H. (2009): Kreativ durch die Krise – Zur Entwicklung der digitalen Geschäftsfelder, in: Pasquay, A. (Hrsg.): Alles. Jederzeit. Überall: Zeitung online und mobil – zum Stand der Dinge, Berlin 2009, S. 5-16.

Karalus, G. (2009): Wachstumsstrategien in der Medienbranche. Eine Untersuchung des ressourcenbasierten Aufbaus neuer Geschäftsfelder bei deutschen Printmedien, Wiesbaden 2009.

Karle, R. (2007): Medienmanager verharren zu sehr in der Defensive, in: Absatzwirtschaft 12, 2007, S. 103-106.

Karmasin, M. (2006): Stakeholder Management als Kontext von Medienmanagement, in: Altmeppen, K.-D./Karmasin, M. (Hrsg.): Medien und Ökonomie, Bd. 3: Anwendungsfelder der Medienökonomie, Wiesbaden 2006, S. 61-88.

Kaspar, C./Hagenhoff, S. (2003): Strategisches Management in der Medienbranche, Georg-August-Universität Göttingen, Institut für Wirtschaftsinformatik (Arbeitsbericht Nr. 6/2003).

Keller, R. (2009): Neue Medienprodukte durch Individualisierung – Unausgeschöpfte Potenziale der Individualkommunikation, Institut für Rundfunkökonomie, Köln 2009.

Kelly, J. (2010): Charting the Future for Newspapers, Fairfax, George Mason University, 2010.

Klempert, A. (2010): Wie das Internet die Massenmedien verändert, in: Die Politische Meinung, Nr. 484, 2010, S. 39-43.

Knappmann, L./Rungg, A. (2010): Wenn Leser einfach nicht zahlen wollen, in: Financial Times Deutschland, 31.10.2010, http://www.ftd.de/it-medien/medien-internet/:paid-content-wenn-leser-einfach-nicht-zahlen-wollen/50189465.html#utm_source=rss2&utm_medium=rss_feed&utm_campaign=/it-medien/medien-internet (Zugriff am: 26.11.2010)

Kranenburg, H.L. van (2007): Strategic Options for the Newspaper Publishing Companies, in: Grossmark, P.E. (Ed.): Advances in Communications and Media Research, Vol. 3, New York 2007, S. 85-97.

Krueger, C.C./van der Beek, K./Swatman, P.M.C. (2004): New and Emerging Business Models for Online News: A Survey of 10 European Countries, in: Proc. of the 17th Bled Electronic Commerce Conference, Bled, Slovenia, June 21-23, 2004.

Krueger, C.C./Swatman, P.M.C. (2004): Developing e-business models in practice: The case of the regional online newspaper, in: International Journal Information Technology and Management 3 (2004) 2-4, S.157-172.

Kübler, H.-D. (1994): Kommunikation und Massenkommunikation, Münster 1994.

Küng, L. (2008): Strategic Management in the Media: From Theory to Practice, London 2008.

Leinonen, A. (2009): Future with Social Media: A Challenge for Paper, in: Koskela, M./Vinnari, M. (Ed.): Future of the Consumer Society: Proc. of the Conference, 28–29 May 2009, Tampere, Finland, Turku 2009, S. 51-58.

Magretta J. (2002): Why Business Models Matter, in: Harvard Business Review 80 (2002) 5, S. 86-92.

McKelvie, A./Picard, R.G. (2008): The Growth and Development Of New and Young Media Firms, in: Journal of Media Business Studies 5 (2008) 1, S. 1-8.

McLuhan, H.M. (1992): Die magischen Kanäle – Understandig Media, Düsseldorf 1992.

McQuail, D. (2010): McQuail's Mass Communication Theory, 6th Ed. London 2010.

Meckel, M. (2009): Auf Augenhöhe mit sich selbst und der Welt, http://www.miriammeckel.de/2009/05/24/auf-augenhoehe-mit-sich-selbst-und-der-welt/ (Zugriff am: 13.8.2010).

Meier, C. (2009): Wer zahlt wofür – Geschäftsmodelle im Internet, in: Pasquay, A. (Hrsg.): Alles. Jederzeit. Überall: Zeitung online und mobil – zum Stand der Dinge, Berlin 2009, S. 17-24.

Meyn, H. (2004): Massenmedien in Deutschland, Konstanz 2004.

Moskowitz, G.: (2010): Are Hyperlocal News Sites Replacing Newspapers?, in: Time Magazine, 4.8.2010, http://www.time.com/time/nation/article/0,8599,2005729,00.html (Zugriff am: 18.8.2010).

Müller-Stewens, G./Lechner, C. (2005): Strategisches Management: Wie strategische Initiativen zum Wandel führen, 3. Aufl., Stuttgart 2005.

Newman, N. (2009): The Rise of Social Media and its Impact on Mainstream Journalism: A Study of How Newspapers and Broadcasters in the UK and US are Responding to a Wave of Participatory Social Media, and a Historic Shift in Control Towards Individual Consumers, Reuters Institute for the Study of Journalism, University of Oxford, 2009.

Nielsen (2010): Changing Models: A Global Perspective on Paying for Content Online, New York, February 2010, http://blog.nielsen.com/nielsenwire/reports/paid-online-content.pdf (Zugriff am: 12.8.2010).

Nohr, H. (2011): Vom Zeitungsverlag zur News Industry: Veränderung von Wertschöpfungsstrukturen und Geschäftsmodellen, Berlin 2011.

Pew Research Center (2010): New Media, Old Media: How Blogs and Social Media Agendas Relate and Differ from the Traditional Press, in Journalism.org, 23.5.2010, http://www.journalism.org/analysis_report/new_media_old_media (Zugriff am: 21.8.2010).

Picard, R.G. (2004): Commercialism and Newspaper Quality, in: Newspaper Research Journal 25 (2004) 1, S. 54-65.

Picard, R.G. (2005): Money, Media, and the Public Interest, in: Overholser, G./Jamieson, K.H. (Ed.): The Press, Oxford 2005, S. 337-350.

Picard, R.G. (2006): Journalism, Value Creation and the Future of News Organizations, Joan Shorenstein Center on the Press, Politics and Public Policy, Harvard University, 2006.

Picard, R.G. (2009): The Transaction Cost Problem of Newspaper Micropayments, in: The Media Business, 22.8.2009, http://themediabusiness.blogspot.com/2009/08/transaction-cost-problem-of-newspaper.html (Zugriff am: 19.8.2010).

Picard, R.G. (2010a): Search for Alternative Media Business Models Hampered by Narrow Things, in: The Media Business, 22.4.2010, http://themediabusiness.blogspot.com/2010/04/search-for-alternative-media-business.html (Zugriff am: 19.8.2010).

Picard, R.G. (2010b): The Future of the News Industry, in: Curran, J. (Ed.): Media and Society, 5th Ed. London 2010, S. 365-379.

Picard, R.G./Dal Zotto, C. (2006): Business Models of Newspaper Publishing Companies, Darmstadt 2006.

Picot, A./Schmid, M./Kempf, M. (2005): Wandel der Wertschöpfungsketten in der Medienindustrie durch neue Technologien (Präsentationsfolien zum INTERMEDIA Projekt an der LMU München), http://www.medientage.de/mediathek/archiv/2005/Picot_Arnold.pdf (Datum des Zugriff: 11.08.2010).

PricewaterhouseCoopers (2009): Moving into Multiple Business Models: Outlook for Newspaper Publishing in the Digital Age, 2009.

Riefler, K. (2009): Hyperlokale Verlagsstrategien: Fallbeispiele – Erlösmodelle – Erfolgsfaktoren, Berlin 2009.

Rubner, J. (2008): Friedhof der Pulitzer-Preise, in: Süddeutsche Zeitung, 15.12.2008, http://www.sueddeutsche.de/kultur/los-angeles-times-in-der-krise-friedhof-der-pulitzer-preise-1.367041 (Zugriff am 13.8.2010).

Sääksjärvi, M./Santonen, T. (2003): Customization as a Business Model for Online Newspapers, in: Proc. of the 16th Bled Electronic Commerce Conference, Bled, Slovenia, June 9-11, 2003.

Scheer, C./Deelmann, T./Loos, P. (2003): Geschäftsmodelle und internetbasierte Geschäftsmodelle – Begriffsbestimmung und Teilnehmermodell, Johannes Gutenberg-Universität Mainz, Lehrstuhl für Wirtschaftsinformatik und BWL, 2003, http://wi.bwl.uni-mainz.de/publikationen/isym012.pdf (Zugriff am: 17.08.2009).

Schoder, D. (2009): Die Individualisierung der Medien als betriebswirtschaftliche Aufgabe (Arbeitspapiere des Instituts für Rundfunkökonomie, Heft 255), Köln 2009.

Schwarzer, B. (2010): Das Internet – Totengräber oder Geburtshelfer für die Tageszeitung?, In: Khare, A./Mack, O./Mildenberger, U. (Hrsg.): World 3.0 – Wandel durch Innovation in Informations- und Medientechnologien. Berlin 2010, S. 125-143.

Schwickert, A.C. (2004): Geschäftsmodelle im Electronic Business – Bestandsaufnahme und Relativierung, Justus-Liebig-Universität Gießen (Arbeitspapiere Wirtschaftsinformatik, Nr. 2/2004), http://www.econbiz.de/archiv/gi/ugi/winformatik/geschaeftsmodelle_eb.pdf (Zugriff am: 17.08.2009).

Siepmann, R. (2009): Am Wendepunkt – Die Zeitungen in den USA: Strukturen, Trends, Strategien – Konvergenzen und Divergenzen zum deutschen Zeitungsmarkt, Berlin 2009.

Stieler, S. (2009): Strukturwandel in der Zeitungswirtschaft: Aktuelle Herausforderungen in der Wertschöpfungskette und Folgen für die Beschäftigung, IMU Institut Stuttgart, 2009.

Stähler, P. (2002): Geschäftsmodelle in der digitalen Ökonomie, 2. Aufl., Lohmar 2002.

Sylvie, G. (2008): Developing an Online Newspaper Business Model: Long Distance Meets the Long Tail, School of Jounalism, The University of Texas at Austin, 2008.

Timmers, P. (1998): Business Models for Electronic Markets, in: Electronic Markets 8 (1998) 2, S. 3-8.

Van Weezel, A. (2009): Entrepreneurial Strategy-Making Mode and Performance: A Study of the Newspaper Industry, Jönköping International Business School, 2009 (JIBS Dissertation Series No. 055).

Vogel, A. (2009): Printmedien im Online-Fieber: Web 2.0 öffnet der Presse neue Geschäftsfelder, in: Koschnick, W.J. (Hrsg.): FOCUS-Jahrbuch 2009 – Schwerpunkt: Die Zukunft der Printmedien. München 2009, S. 77-101.

WAN (2005): Zeitungen: 400 Jahre jung!, World Association of Newspapers, http://www.wan-press.org/article6467.html (Zugriff am: 11.8.2010).

WAN (2009): Publishing to Targeted Audiences, Shaping the Future of the Newspaper: Strategy Report 9.1, Paris 2009.

Weichert, S./Kramp, L. (2009): Das Verschwinden der Zeitung? Internationale Trends und medienpolitische Problemfelder, Berlin 2009.

West, D.M. (2009): The New Digital Press: How to Create a Brighter Future for the News Industry, in: Issues in Governance Studies, 25, May 2009.

Willman-Iivarinen, H. (2009): Changing Demands for Media Products, in: Koskela, M./Vinnari, M. (Ed.): Future of the Consumer Society: Proc. of the Conference, 28–29 May 2009, Tampere, Finland, Turku 2009, S. 59-70.

Wirtz, B.W. (2009): Medien- und Internetmanagement, 6. Aufl., Wiesbaden 2009.

Wirtz, B.W. (2010): Business Model Management: Design – Instrumente – Erfolgsfaktoren von Geschäftsmodellen, Wiesbaden 2010.

Wirtz, B.W./Sammerl, N. (2003): Innovationen in der Internet-Ökonomie, in: Habann, F. (Hrsg.): Innovationsmanagement in Medienunternehmen – Theoretische Grundlagen und Praxiserfahrungen, Wiesbaden 2003, S. 81-105.

Wolling, J. (2009): Individualisierung der Mediennutzung. Perspektiven der Forschung, in: Schade, H.-P. et al. (Hrsg.): Individualisierte Nutzung der Medien, Ilmenau 2009, S. 7-18.

Zurstiege, G. (2006): Dominanz-/Dependenzbeziehung? Werbung und Medien, in: Altmeppen, K.-D./Karmasin, M. (Hrsg.): Medien und Ökonomie, Bd. 3: Anwendungsfelder der Medienökonomie, Wiesbaden 2006, S. 89-101.

Die Zeitung in der Krise – oder doch nicht?

*Bettina Schwarzer**

1. Einführung

> „Der Druck der Tageszeitung ist lediglich eine vorübergehende Erscheinungsform, die mit dem spezifischen Wesen der Zeitung nichts zu tun hat."
>
> (Robert Brunhuber, 1907, zit. nach BDZV, 2005)

Dieses Zitat von Brunhuber aus dem Jahr 1907 ist heute aktueller denn je: Kaum ein Tag vergeht, an dem die wirtschaftlichen Schwierigkeiten klassischer Print-Zeitungen nicht in den Medien thematisiert werden und das Papier als Informationsträger todgesagt wird (Schmitt, 2009). Auch Mathias Döpfner, Vorstandsvorsitzender der Axel Springer AG, gibt sich skeptisch: „Die Zeitung als Idee hat eine grandiose Zukunft. Ob sie in 25 Jahren noch immer auf Papier erscheint, wage ich nicht zu prognostizieren" (Döpfner, 2010, 56).

Diese Zweifel erscheinen angebracht, denn auch in Deutschland ist der negative Trend seit Jahren nicht zu übersehen: Rückläufige Zahlen bei Zeitungsabonnements und Print-Auflagen sowie sinkende Werbeumsätze und Reichweitenverluste charakterisieren die Entwicklungen auf dem Zeitungsmarkt (Köcher, 2009, 110-115). Auch wenn es das für die USA befürchtete Zeitungssterben nach Ansicht des Präsidenten des Europäischen Zeitungsverlegerverbandes ENPA, Valdo Lehari jr., in Deutschland nicht geben wird (Siebenhaar, 2009, 152ff.), so bleibt die Situation in den Verlagen angespannt.

Neben der weltweiten Rezession der vergangenen Jahre sowie nationalen geographischen und demographischen Faktoren wird insbesondere die Erfolgsgeschichte des Internets für die nachteilige Entwicklung auf dem deutschen Zeitungsmarkt verantwortlich gemacht (Köhler, 2010, 46ff.). Die zunehmende Akzeptanz des Internets auch in der älteren Generation und das Heranwachsen der ersten Generation der „Digital Natives" haben zu grundlegenden Veränderungen der Präferenzen und Verhaltensweisen seitens der Zeitungsleser geführt.

Vor diesem Hintergrund sahen sich die Verlage gezwungen mit eigenen Online-Angeboten zu reagieren. Die anfängliche Sorge, ein eigenes Internetangebot käme einer Selbst-Kannibalisierung gleich, hat sich inzwischen als unbegründet

* Prof. Dr. Bettina Schwarzer ist Studiendekanin des Studiengangs Online-Medien-Management an der Hochschule der Medien.

erwiesen. Andererseits konnte bisher nicht erreicht werden, die Internetangebote so zu gestalten, dass damit ernsthaft Geld verdient werden kann. Die fehlende Zahlungsbereitschaft der Kunden für Online-Inhalte und die zwar steigenden, aber dennoch geringeren Werbeeinnahmen im Vergleich zur Print-Ausgabe, können die Verluste im Print-Geschäft noch immer nicht ausgleichen. Dementsprechend suchen die Verlage weiterhin nach tragfähigen Strategien und Geschäftsmodellen, die ihr Überleben dauerhaft sichern.

Ein neuer Trend sind die sogenannten hyperlokalen Angebote, die zwar einerseits den klassischen Lokalausgaben der Zeitungen Konkurrenz machen, aufgrund der Möglichkeiten des Internets aber interessante Gelegenheiten bieten, um Leser dauerhaft an sich zu binden. Gelingt es den Verlagen durch hyperlokale Angebote die Zugriffszahlen auf ihren Webseiten zu steigern, erhöht sich die Attraktivität für Werbekunden und wie Medienexperte Ken Doctor hervorhebt: „Das Rennen um das Milliardenpotenzial, das in lokaler Werbung steckt, ist noch offen. Die bisherigen Methoden, um die Interessen von Werbungtreibenden und Konsumenten zusammenzubringen, sind noch unausgereift“ (Langer, 2010).

Bieten hyperlokale Plattformen für die Verlage einen Ausweg aus der Krise? Im folgenden Kapitel wird zunächst die Situation auf dem deutschen Zeitungsmarkt beleuchtet um aufzuzeigen, warum die Verlage dringend handeln müssen. Das dritte Kapitel erläutert Begriff und Charakteristika hyperlokaler Plattformen und geht auf die Verbreitung in Deutschland ein. In Kapitel vier werden erste Ergebnisse einer explorativen Untersuchung zum Thema Werbung auf hyperlokalen Plattformen vorgestellt.

2. Die Situation auf dem Zeitungsmarkt

Hiobsbotschaften zum Tageszeitungsmarkt finden sich seit Jahren in Zeitungen und im Internet. Glaubt man dem amerikanischen Medienforscher Philipp Meyer, dann wird die letzte Zeitung auf Papier im ersten Quartal 2043 gedruckt werden (Schulte Döinghaus, 2009, 1). Auch Norman Pearlstine, Chief Content Officer von Bloomberg und einstiger Chefredakteur des „Time“-Magazins, geht davon aus, dass die meisten, wenn nicht gar alle amerikanischen Tageszeitungen in den nächsten 20 Jahren nicht mehr erscheinen werden und dass sich dieser Trend auch in Deutschland durchsetzen wird (Siepmann, 2010, 234).

Deutsche Experten sehen die Situation gelassener: Die deutschen Zeitungen sind bezüglich ihrer lokalen Verankerung, gewachsener Leser-Blatt-Bindungsstrukturen, ihrer Rolle als Werbeträger und in der Glaubwürdigkeit im Vergleich zu amerikanischen Blättern deutlich besser aufgestellt (Siepmann, 2010, 241). Die Auflagen werden zwar sinken und an Aktualität verlieren, dafür aber mehr Hintergrundberichte, umfassende Analysen und spezialisierte Inhalte anbieten (Weichert et al., 2009).

BDZV-Präsident Helmut Heinen erwartet, dass es in Deutschland auch im Jahr 2050 noch gedruckte Zeitungen geben wird, allerdings mit geringeren Auflagen: „Auf lange Sicht stellt sich die Frage, ob Zeitungen nicht letztlich zu einem Elitenprodukt werden: nicht mehr Medium fürs Volk sondern für eine an differenzierter und tiefgründiger Information interessierte Schicht. Das wäre übrigens eine wirtschaftlich sehr interessante Zielgruppe“ (zit. nach Keller, 2010, 79). Pasquay konstatiert: „Das Ende der gedruckten Zeitung wird schon seit mehr als 100 Jahren - folgenlos - prophezeit“ (Pasquay, 2005).

Trotz der unterschiedlichen Auffassungen wie es mit der gedruckten Zeitung weitergehen wird, ist eines sicher: Die Umsätze der Tageszeitungsverlage sinken seit vielen Jahren stetig. So ging der Gesamtumsatz aus Anzeigen, Beilagen und Vertrieb im Jahr 2009 von 9,09 Mrd. Euro auf 8,46 Mrd. zurück. Im Vergleich zum Vorjahr entspricht dies einem Rückgang von 7,04%. Davon entfielen 7,96 Mrd. Euro auf die Tageszeitungen, die damit ein Minus von 6,84% verkraften mussten (Pasquay, 2010a).

Diese Einbußen werden durch verschiedene Faktoren verursacht, die teilweise in engem Zusammenhang stehen (Köhler, 2010, 40):

- Einem Rückgang bei Verlagen und publizistischen Einheiten,
- dem Auflagenschwund und
- den Erlöseinbußen aus Vertrieb und Werbung.

Waren es 1991 noch 410 Verlage mit 158 publizistische Einheiten und 1673 Ausgaben, konnten im Jahr 2010 nur noch 347 Verlage mit 132 publizistischen Einheiten und 1509 Ausgaben gezählt werden. Dies lässt sich durch Redaktionsfusionen und –schließungen sowie die Einstellung von Titeln begründen. (Schenk, 2004, 38) Während diese Entwicklung noch „relativ“ unbedeutend erscheint, ist der Rückgang der Auflagen bemerkenswerter.

Im zweiten Quartal 2010 hatten die Zeitungen in Deutschland eine Gesamtauflage von 24,8 Millionen verkauften Exemplaren pro Erscheinungstag. Im Vergleich zum Vorjahresquartal bedeutet das ein durchschnittliches Auflagenminus von rund einer halben Million Exemplare, d.h. einem Minus von ca. 2,1% (Pasquay, 2010a). Die verkaufte Auflage aller Zeitungsgattungen gliedert sich in 19,43 Millionen Tageszeitungsexemplare, 3,38 Millionen Sonntagszeitungen und 1,94 Millionen Wochenzeitungen. Bei den Tageszeitungen entfallen 13,74 Millionen Exemplare auf die lokalen und regionalen Abonnementzeitungen, knapp 1,6 Millionen auf überregionale Blätter und rund 1,4 Millionen auf Kaufzeitungen. Betrachtet man ausschließlich die Tageszeitungen, so ist ein deutlicher Rückgang der Auflagenhöhe zu erkennen: Waren es im Jahr 1998 noch 25,01 Mio. täglich verkaufte Exemplare, so sind es 2010 nur noch 19,43 Mio. Doch nicht alle Tageszeitungsgattungen waren gleichermaßen betroffen. Während insbesondere die Lokal- und Regionalzeitungen sowie die Straßenverkaufszeitungen große Einbußen hinnehmen mussten, konnten die überregionalen Zeitungen einen Zuwachs um 0,05 Mio. Stück verzeichnen (Köhler, 2010, 40f).

Mit der sinkenden Auflage verringerten sich auch die Reichweiten der gedruckten Zeitungen. Allerdings sanken die Werte nicht in gleichem Maß wie die Auflage, was darauf zurückgeführt wird, dass sich heute mehr Haushalte als früher eine Ausgabe einer Zeitung teilen (Pasquay, 2010b). Für das Jahr 2010 wird eine Reichweite der Tageszeitungen von 69,6% ausgewiesen. Besonders hohe Reichweiten wurden, wie auch in der Vergangenheit, in den Altersgruppen ab 60 Jahre erzielt. Ebenso bei den jüngeren Lesern, denen in der Vergangenheit eher ein Desinteresse an gedruckten Zeitungen unterstellt wurde: In der Altersgruppe der 14-19-Jährigen wurde eine Reichweite von 42,3% erzielt und bei den 20-29-Jährigen eine Reichweite von 53,3%. Den größten Rückgang verzeichneten die regionalen und lokalen Zeitungstitel, die rund 10 Prozentpunkte im Zeitraum 1998-2009 verloren. Demgegenüber stagnieren die Reichweiten bei den überregionalen Zeitungen und den Verkaufszeitungen seit Jahren (Köhler, 2010, 41).

Der Rückgang der Auflage wirkt sich auch auf die Umsätze aus: Geht die Auflage zurück, sinken (in der Regel) die Einnahmen aus dem Verkauf und umgekehrt. Diese Gesetzmäßigkeit wurde im Jahr 2008 durchbrochen, als trotz einer rückläufigen Auflage um minus 400.000 Stück gegenüber dem Vorjahr die Vertriebserlöse dennoch um 108 Mio. Euro anstiegen. Dieses Phänomen lässt sich mit einer Erhöhung der Bezugspreise erklären (BDZV, 2009b, 7).

Auch die alte Faustregel „zwei Drittel der Umsätze stammen aus der Werbung und ein Drittel aus dem Verkauf der Zeitungen“ gilt inzwischen nicht mehr. Bereits während der ersten Wirtschafts- und Werbekrise in den Jahren 2001-2003 verschob sich das Verhältnis immer mehr zugunsten der Verkaufserlöse. Im Jahr 2009 kehrten sich die Verhältnisse jedoch um und die Einnahmen aus dem Vertrieb der Zeitungen waren erstmals größer als die Einnahmen aus Anzeigen und Werbung (Breyer-Mayländer, 2010, 266). So konnten für die Abonnementzeitungen folgende Werte für die Erlösstruktur ermittelt werden: Anzeigen 41,1%, Fremdbeilagen 8,2% und Vertrieb 50,7% (BDZV, 2011b). Diese Zahlen verdeutlichen den strukturellen Wandel in der Branche und die Notwendigkeit, neue Strategien und Geschäftsmodelle zu identifizieren.

Mit zunehmender Verbreitung des Internets wurden auch die Zeitungsverlage aktiver und bauten eigene Angebote auf. Viele setzten den Schwerpunkt auf regionale Inhalte, Service, Kommunikation und Unterhaltung. Waren es im Jahr 2000 noch 230 Online-Auftritte deutscher Zeitungen, so sind es im Jahr 2010 661 Auftritte (BDZV, 2011c). Damit ist heute ein flächendeckendes Online-Angebot verfügbar, das ein enormes Informationspotenzial bietet und sich bei den Nutzern zunehmend großer Beliebtheit erfreut. Laut Umfragen erreichen die

Zeitungsportale heute überschneidungsfrei 50% der deutschen Onliner (Kansky, 2010, 177).

Diese positive Entwicklung ist darauf zurückzuführen, dass sich die Online-Ausgaben der Zeitungen zu eigenständigen Plattformen weiterentwickelt haben, die nicht länger nur die Inhalte der Printausgabe bereitstellen, sondern innovative Angebote darstellen, die einen Mehrwert für den Leser stiften. So werden aktuelle Beiträge sofort publiziert und sind nicht länger an einen festen Erscheinungsrhythmus der Print-Ausgabe gebunden, ältere Beiträge können problemlos mit Hilfe der Suchfunktion in Zeitungsarchiven aufgestöbert werden und die multimediale Präsentation von Inhalten verbessert nicht nur die Verständlichkeit, sondern kann auch die emotionale Anteilnahme steigern (Kansky, 2010, 178). Inzwischen ist auch die Nutzung von Social Media in den Online-Portalen weit verbreitet.[9] Viele Zeitungen sind in sozialen Netzwerken aktiv und twittern, um jüngere Zielgruppen anzusprechen und auf diese Weise die Reichweite zu erhöhen. Auch Formen des User Generated Content werden erprobt: Leser können Artikel kommentieren, Fotos hochladen oder in Umfragen ihre Meinung kundtun.

Der Einstieg in die digitale Welt brachte aber nicht nur technische Herausforderungen mit sich. Die Verlage sahen sich plötzlich mit völlig veränderten Wettbewerbsbedingungen konfrontiert. Waren es in der Vergangenheit die Verlage, die Content gesammelt, aufbereitet und zur Verfügung gestellt haben, so ist es nun anderen verlagsfremden Content Providern im Internet möglich, die traditionellen Medienunternehmen zu umgehen und ihren eigenen Content direkt via Internet an den Endkunden zu liefern. Diese Chance der Disintermediation wird seit Jahren konsequent und sehr erfolgreich genutzt und die Informationsbedarfe der durchschnittlichen Bevölkerung werden adäquat und häufig auch umsonst gedeckt (Van der Wurff, 2009, 76).

Für den Internetnutzer wird dadurch ein unermessliches Informationsangebot von unterschiedlichsten Anbietern geschaffen, das durch seine Vielfältigkeit und Menge besticht. Im Gegensatz zu früher, als die Redakteure durch ihre Auswahl bestimmten, welche Information den Lesern zugänglich gemacht wurde, kann der Leser heute durch einfaches Hin- und Herklicken selber entscheiden, wo er sich welche Inhalte beschafft. Damit hat sich die Beziehung zwischen Informationsanbieter und Leser grundlegend verändert: Heute dominiert der Leser und kontrolliert seinen Zugang zur Information. Der Markt für Information und Nachrichten hat sich endgültig vom Verkäufer- zum Käufermarkt gewandelt.

Erfolgskritisch für die Verlage ist in diesem Markt daher nicht mehr die Veröffentlichung gleicher Inhalte auf verschiedenen Plattformen, sondern die Versorgung der Leser mit „der richtigen Information zur richtigen Zeit über den

9 Vgl. dazu Kapitel 4

richtigen Kanal". Die Definition der „richtigen" Information ist dabei vom Einzelnen abhängig. Offensichtlich hingegen ist, dass eine Differenzierung über die Bereitstellung überregionaler Nachrichten kaum möglich sein dürfte, da es im Internet eine Vielzahl an Plattformen gibt, die diese Funktion bereits erfüllen. Eine vielversprechende Alternative dazu stellt die Bereitstellung hyperlokaler Informationen dar, denn „es ist ja schon lange kein Geheimnis mehr, dass lokale und noch lokalere Themen die Menschen berühren" (Deuter, 2012).

Was aber ist das Besondere an hyperlokalen Plattformen und wo gibt es diese überhaupt?

3. *Hyperlokale Angebote in Deutschland*

3.1 Von der Lokalzeitung zum hyperlokalen Angebot

Insbesondere die Lokal- und Regionalzeitungen sind in den letzten Jahren von rückläufigen Auflagen- und Umsatzzahlen betroffen gewesen (vgl. dazu auch Kap. 2), denn immer weniger Leser der jüngeren Zielgruppen abonnieren heute eine Lokal- oder Regionalzeitung und die bisherige Zielgruppe der älteren Generation stirbt langsam aus (Huber/Kaspar, 2010, 186). Viele Verlage sahen sich in den letzten Jahren aufgrund der angespannten wirtschaftlichen Situation gezwungen, ihre Lokalredaktionen zu reduzieren oder gar zu schließen, obwohl sich die Lokalzeitungen immer großer Beliebtheit erfreuten und die Lokalteile noch heute zu den wichtigsten und am meisten gelesenen Teilen innerhalb der Printzeitung gehören (Huber/Kaspar, 2010, 185, Pasquay, 2010b). Demgegenüber vermehrte sich die Zahl von Blogs mit lokaljournalistischem Anspruch im Internet rasant (Mediencity, 2009).

Betrachtet man die aktuellen Entwicklungen im Internet, so lässt sich eindeutig erkennen, dass dieser Trend anhält. Sogenannte „hyperlokale" Angebote schießen wie Pilze aus dem Boden. Der Begriff „hyperlokal" setzt sich aus dem lateinischen „locum", d.h. Ort (Schulze Steinmann, 2012) und dem griechischen Präfix „hyper" zusammen. Hyper bedeutet „über" und kann vor Wörter gesetzt werden, um deren Aussage zu verstärken. Durch das Präfix wird die Bedeutung des Wortstamms lokal stärker eingegrenzt. Hyperlokal ist somit die Steigerung von lokal, bedeutet also, eine noch stärkere Eingrenzung eines lokalen Gebietes (Lohde, 2006).

Unter „hyperlokalen Angeboten" versteht die Medienforschung eine Variante der Lokalberichterstattung, die es sich zunutze macht, dass sich im Internet viel kleinere Zielgruppen, wie z.B. Nachbarschaften oder Stadtviertel, als in den traditionellen Medien erreichen lassen (Focus Medialine, 2007). Die bereitgestellten Nachrichten und Informationen sind so spezifisch, dass sie nur für eine sehr kleine Gruppe von Lesern, deren Lebensraum direkt davon betroffen ist, interessant sind. Da hierdurch nicht nur die Aufmerksamkeit für das persönliche Umfeld angeregt wird, sondern auch Emotionen addressiert werden, erweist sich diese Spezifität als besonders bedeutsam für die Leser. Medienberater Wessling (2009, 30) rät in diesem Zusammenhang, dass sich die Zeitungen zum „daily life enabler" weiterentwickeln sollten. Darunter versteht er, den Kunden in den Mittelpunkt zu stellen und ihm Unterstützung bei der Lösung alltäglicher Probleme zu bieten. Der Leser soll den Eindruck gewinnen, nicht mehr ohne dieses lokale Online-Angebot auskommen zu können und von sich aus immer wiederkehren.

In hyperlokalen Angeboten wird momentan viel Potenzial gesehen, um lokale Nachrichtenblätter zu ersetzen (Deuter, 2012) und eine große Leserzahl anzusprechen. Eine Erklärung hierfür liefert die hyperlokale Plattform meinesüdstadt.de, ein Portal für den Süden Kölns (Gebhardt et al. 2012):

> „Dem schönsten Viertel Kölns fehlte bislang nur eines: Eine echte Infozentrale. Was wann wo passiert - vom Musikkonzert über neuste Entwicklungen beim U-Bahn-Bau und bei Fortuna bis hin zum nächsten Babyflohmarkt - das musste man sich mühsam aus verschiedenen Quellen zusammensuchen. Die Südstädter durchstöberten Blättchen, Zeitungen, Zeitschriften, Flyer und hofften auf Mund-zu-Mund-Propaganda, um zu erfahren was vor ihrer Haustür passiert. Trotzdem hatten sie immer das Gefühl etwas zu verpassen."

Dabei können die Angebote ganz unterschiedlich sein, wie die vier folgenden Beispiele zeigen:

Die „Goslarsche Zeitung" bietet seit April 2010 einen Tankstellen-Check im Internet an. Rund 150 registrierte Leser halten die Benzinpreise der Tankstellen im Verbreitungsgebiet aktuell. Auf diese Daten greifen pro Tag ca. 1000 Nutzer zu (BDZV, 2011c).

Die „Hildesheimer Allgemeine Zeitung" setzt auf das lokale Fußballportal "Kick", in dem Leser aus der Region über die Fußballspiele in ihrem Verein berichten können. Dabei stehen Geschichten und Berichte im Mittelpunkt, für die es in der gedruckten Ausgabe keinen Platz gibt. Mehr als 70 Autoren haben sich in der Startphase registriert (BDZV, 2011d).

Das Hamburger Abendblatt bietet mit seinem neuen Internet-Projekt „Mein Quartier" Informationen aus sieben Hamburger Stadtteilen. Insgesamt 18 ausgewählte Stadtteilreporter bloggen schnell, direkt und authentisch aus ihren Gegenden und berichten unter anderem über lokale Ereignisse, Baustellen, Restaurants und Veranstaltungen. Abendblatt-Chefredakteur Claus Strunz begründet das Projekt wie folgt: "Wir glauben an die Zukunft des interaktiven, sublokalen Journalismus und investieren aus diesem Grund nachhaltig in neue Projekte. „Mein Quartier" soll den „wahren Alltag" in den Vierteln unserer Stadt abbilden und damit noch näher am Leser sein" (zit. nach Bauer, 2011). Aber auch der „normale" Leser soll integriert und der Austausch mit ihm intensiviert werden. So sind alle Leser aufgefordert, interessante Themen an die Stadtteilreporter zu melden, die sich der Verbreitung selbiger annehmen werden (Bauer, 2011).

Das größte und bekannteste Bürgerreporter-Portal für lokale Inhalte ist in Deutschland zweifellos „myheimat“. Dieses wurde 2003 im bayrisch-schwäbischen Raum entwickelt und hat sich inzwischen zu einem deutschlandweiten hyperlokalen Internetportal etabliert. Rund 20.000 Bürgerreporter erstellten sämtliche Inhalte, eine zentrale Redaktion gibt es nicht. Die redaktionellen Mitarbeiter des Betreibers gogol medien GmbH verstehen sich als Moderatoren, die die Bürgerreporter beraten ohne selbst die Hoheit über die Nachrichteninhalte zu beanspruchen (Riefler, 2010, 17). „myheimat“ ist nicht nur eine lokale Informationsdrehscheibe, sondern bietet klassische Social-Software-Services wie beispielsweise ein Kontaktnetzwerk, Merklisten, eine eigene Bild- und Beitragsverwaltung, Diskussionsforen sowie Bewertungsfunktionen an.

So unterschiedlich die inhaltliche Ausgestaltung der vier vorgestellten Angebote ist, eines haben sie gemeinsam: Sie setzen auf das Mitmach-Web und ersetzen die klassischen Reporter durch Leserreporter, die aktuelle Beiträge zur Verfügung stellen. Dadurch fallen für die Verlage die hohen Fixkosten für die Contenterstellung weg und sie übernehmen stattdessen die Funktionen der Moderation und Steuerung, um die nutzergenerierten Inhalte möglichst effizient und effektiv zu sammeln und bereitzustellen (Huber/Kaspar, 2010, 189). Laut Riefler (2010, 34) zeigen die Erfahrungen der Vergangenheit, dass sich hyperlokale Angebote dauerhaft nicht allein mit Beiträgen von Bürgerjournalisten zum Erfolg führen lassen. Am besten funktioniere ein Mix, bei dem professionelle Journalisten das nachrichtliche Angebot betreuen und den freiwilligen Autoren Hilfestellungen anbieten.

Die große Herausforderung für die Anbieter hyperlokaler Angebote besteht darin, die Menschen zum Mitmachen zu bewegen. Ein Mitmach-Web ohne „Mitmacher“ ist nicht überlebensfähig und die Begeisterung für die Bereitstellung eigener Inhalte ist derzeit in allen Altersgruppen rückläufig (Busemann/Gscheidle, 2010, 360), es sei denn, es handelt sich um Communities. Für hyperlokale Angebote ist es daher laut Riefler (2010, 35) erfolgskritisch, nicht nur Nachrichten und Auskünfte über aktuelle Themen wie Baustellen und Straßensperrungen bereitzustellen, sondern auch im Sinne einer Community die Kommunikation und den Meinungsaustausch zwischen den interessierten Rezipienten zu fördern.

Neben dieser inhaltlichen Unterscheidung können hyperlokale Plattformen auch anhand des Anbieters differenziert und in verlagsabhängige und verlagsunabhängige Plattformen eingeteilt werden. Diese unterschiedlichen Angebotsformen werden im Folgenden vorgestellt.

3.2 Verlagsunabhängige hyperlokale Angebote

Eine Übersicht über die verlagsunabhängigen Plattformen in Deutschland bietet die Seite Kiezblogs.de. Für Deutschland sind insgesamt 471 hyperlokale Plattformen verzeichnet, wobei zu berücksichtigen ist, dass dieser Terminus von Kiezblogs.de weit gefasst wird: Unter den aufgelisteten Angeboten finden sich neben Plattformen, die Informationen und Veranstaltungsvorschläge bereitstellen und sich an die breite Masse des Bezirks richten, auch Angebote, die zum Beispiel hauptsächlich an junge Erwachsene gerichtet sind. Hierunter fallen einige Blogs, die ein spezialisiertes Angebot unterbreiten und nur privat über die Musik- oder Lifestyleszene bloggen. Auf Kiezblogs.de sind allerdings nicht alle hyperlokalen Angebote Deutschlands aufgelistet. Dies liegt unter anderem daran, dass regelmäßig neue Seiten entstehen und nur die hyperlokalen Plattformen vermerkt sind, die von den Betreibern angemeldet wurden. Eine Übersicht über die auf Kiezblogs.de verzeichneten Seiten, über die regionale Verbreitung zeigt die folgende Grafik. (Seebörger I., 2012)

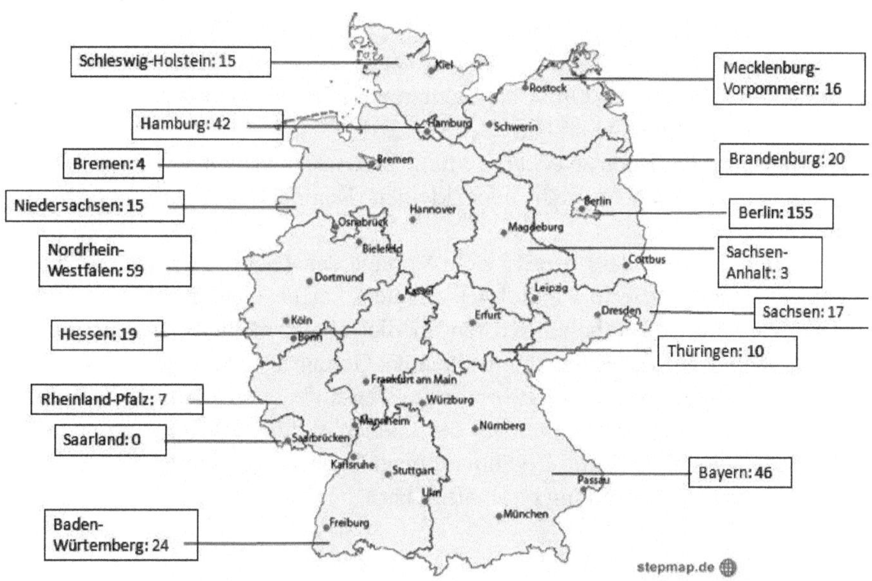

Abbildung 16: Verbreitung der verlagsunabhängigen hyperlokalen Plattformen in Deutschland (Quelle: in Anlehnung an stepmap GmbH, 2012)

3.3 Verlagsgebundene hyperlokale Angebote

Für die verlagsgebundenen hyperlokalen Angebote gibt es keine Übersicht, die alle Plattformen darstellt. In der Regel bieten die Verlage Plattformen an, auf denen Städte eigene hyperlokale Angebote erstellen können. Im Folgenden werden exemplarisch einige Angebote vorgestellt.
In Nordrhein-Westfalen gibt es das verlagsgebundene Portal "Lokalkompass". Dieses wurde von der Westdeutschen Verlags- und Werbegesellschaft (WVW) ins Leben gerufen und bietet jedem größeren Ort die Möglichkeit, eine eigene hyperlokale Plattform aufzubauen. Das Angebot wird bereits von 64 Orten in Anspruch angenommen. (WVW Westdeutsche Verlags- und Werbegesellschaft mbH & Co. KG, 2012)
Die größte verlagsgebundene Plattform ist meinestadt.de. Seit 2006 ist die Verlagsgruppe Georg von Holtzbrinck Teilhaber (allesklar.com AG, 2012). Diese Plattform beinhaltet hyperlokale Plattformen von 11.337 Städten in Deutschland. (allesklar.com AG, 2012)
Auch die WAZ bietet mit "derwesten.de" ein großes Angebot an hyperlokalen Plattformen, auf dem 120 Städte und Orte vertreten sind. (WAZ NewMedia GmbH & Co. KG, 2012)
Der Verlag Schwäbische Zeitung Online bietet auf seinen Seiten hyperlokale Plattformen von 46 kleinen Orten bis Städten an. (Schwäbische Zeitung Online, Gesellschaft für Multimedia mbH & Co. KG, 2012)
Die Internetseite der Rhein-Neckar Zeitung bietet seinen Nutzern hyperlokale Plattformangebote zu 93 Orten oder kleinen Regionen an. (Rhein-Neckar-Zeitung GmbH, 2012)
Diese Beispiele zeigen, dass bereits viele Verlage das Thema Hyperlokalität für sich entdeckt haben. Wie in Kapitel 4.1 erläutert, setzen viele Verlage auf Bürgerjournalisten, um so die hohen Kosten für die Inhaltserstellung zu reduzieren. Wie sieht es aber auf der Einnahmenseite aus? Gelingt es den Verlagen Werbeplätze auf den hyperlokalen Plattformen zu verkaufen und damit das bislang weitgehend unausgeschöpfte Potenzial der lokalen Werbetreibenden zu nutzen? Das folgende Kapitel stellt die Ergebnisse einer explorativen Untersuchung vor, die sich mit dieser Fragestellung beschäftigt hat.

4. Werbung auf hyperlokalen Plattformen

Wie eingangs beschrieben gehen Experten davon aus, dass in lokaler Werbung ein Milliardenpotenzial steckt, das noch nicht ausgeschöpft ist (vgl. Kap. 1). Da es bislang keine empirischen Ergebnisse zu dieser Fragestellung gibt, wurde im

Rahmen einer explorativen Studie untersucht, wie Unternehmen die Möglichkeiten der Werbung auf hyperlokalen Plattformen beurteilen und welche Faktoren für sie bei der Entscheidung für bzw. gegen Werbung in einem solchen Rahmen eine ausschlaggebende Rolle spielen. Dazu wurden zunächst potenzielle Werbetreibende und anschließend Unternehmen, die bereits auf hyperlokalen Plattformen werben, befragt. Die relevanten Ergebnisse dieser im Frühjahr 2012 durchgeführten semistrukturierten Interviews mit insgesamt 24 potentiellen Werbetreibenden aus dem Stuttgarter Westen werden im Folgenden präsentiert und interpretiert.[10]

Ziel dieser Umfrage, bei welcher Geschäftsführer von KMUs aus den Branchen Handel, Dienstleistung, Gastronomie und Handwerk im Fokus standen, war es, die Bereitschaft Werbung auf einer hyperlokalen Plattform zu schalten, abzufragen. Die Tatsache, dass lediglich drei von 24 Umfrageteilnehmern der Begriff "Hyperlokalität" bekannt war, lässt darauf schließen, dass Werbung auf hyperlokalen Plattformen derzeit nicht von Relevanz ist.

Wenngleich die meisten Befragten mit einer eigenen Unternehmenswebsite bzw. einem Facebook-Auftritt im Internet präsent sind, werden bei Werbeanzeigen klassische Formen präferiert: Eine Mehrheit von 62 Prozent gab an, Anzeigen vorwiegend in Zeitungen oder Zeitschriften zu schalten. Auch wenn 54 Prozent der Firmen Werbung im Internet schalten, lieferte die Bereitschaft in Bannerwerbung auf hyperlokalen Plattformen zu investieren, ein divergierendes Bild: Für einen Banner der Größe 200x200 Pixel würden die Geschäftsführer pro Monat zwischen 0 und 500 Euro ausgeben. Mit einer durchschnittlichen Angabe von 130 Euro ist die preisliche Spanne für Bannerwerbung damit sehr groß. Sechs Gesprächspartner machten keine Angaben zu möglichen Werbeausgaben, was darauf zurückzuführen ist, dass sie keine preislichen Vorstellungen von Online-Werbung haben und infolgedessen keine unrealistischen Angaben machen wollen. (Funk et al, 2012)

Um identifizieren zu können, wieviele Leser eine hyperlokale Plattform monatlich aufweisen muss, um für die Befragten zu Werbezwecken attraktiv zu sein, wurde die derzeitige Einwohnerzahl von 50.000 im Stuttgarter Westen (Landeshauptstadt Stuttgart, 2011) als Orientierungspunkt vorgelegt. 29 Prozent gaben an, dass Werbung bereits dann interessant sei, wenn monatlich 50-500 Personen die hyperlokale Seite aufsuchen; acht Prozent verlangten eine Besucherzahl von 501-1000 und weitere 21 Prozent 1001-5000. Für 12 Prozent der Unternehmen ist eine monatliche Besucherzahl von über 5000 wünschenswert. Diese stark divergierenden Aussagen können darauf zurückgeführt werden, dass die Kernkompetenzen der befragten KMUs nicht im Online-Bereich liegen und sie daher keine konkreten Vorstellungen bezüglich der Reichweite von lokalen bzw.

10 Ausführliche Ergebnisse finden sich in Funk et al, 2012 und Schillke, 2012.

hyperlokalen Plattformen haben.

In Hinblick auf den Aktualisierungsgrad der Plattforminhalte gaben 80 Prozent an, dass die hyperlokale Website nur dann als Werbeplattform in Betracht gezogen wird, wenn täglich neue Artikel eingestellt werden.

Demgegenüber lieferte die Abfrage nach dem Interesse an tagesaktueller Werbung (z.B. Sonderangebote oder Rabattaktionen) ein ambivalentes Antwortspektrum: während nur 33 Prozent Interesse bekundeten, waren circa 50 Prozent der Befragten abgeneigt, tägliche Werbung zu schalten.

Die Frage nach dem generellen Interesse auf einer hyperlokalen Plattform des Stuttgarter Westens zu werben, wurde von 21 Prozent der Unternehmen verneint. Insbesondere die Befragten, die von Stammkundschaft und Mund-zu-Mund-Propaganda als zentrale Geschäftstreiber profitieren (bspw. Ladengeschäfte an Hauptstraßen mit viel Laufkundschaft), sehen keinen Bedarf, das bisherige Werbeverhalten zu ändern. Auch wenn sich demgegenüber 70 Prozent interessiert gezeigt haben, hyperlokale Werbung auf einer Plattform des Stuttgarter Westens zu schalten, gilt es zu beachten, dass kein Unternehmen unmittelbar bereit war, an einem solchen Projekt mitzuwirken.

Um diese Ergebnisse zu vertiefen, wurden die an hyperlokaler Werbung Interessierten im Rahmen einer zweiten Interviewrunde befragt. Für diese ließ sich allerdings kein eindeutiges Ergebnis verzeichnen. Wenngleich die meisten der befragten Geschäftsführer tatsächlich Interesse an Werbung auf einer hyperlokalen Plattform äußerten, gab es auch ablehnende Haltungen. Der Standort des Unternehmens und die Art der angebotenen Leistung konnten als wichtige Einflussfaktoren bestätigt werden. Eine weitere Auffälligkeit der zweiten Interviewrunde war die Abhängigkeit der Bereitschaft vom Alter der Geschäftsführer. Mit steigenden Lebensjahren sinkt das Interesse, etwas Neues auszuprobieren. Gleichzeitig steigt die Zurückhaltung bezüglich hyperlokaler Werbung.

Im Anschluss an die Interviews mit potenziellen Werbetreibenden wurden Firmen befragt, die bereits Werbung auf hyperlokalen Plattformen schalten. Dazu wurden die Websites meinesüdstadt.de, schwaebische.de, bürgerblick.de, dippolds.info.de und ladenburgblog.de herangezogen. Die auf diesen Portalen werbenden Unternehmen lassen sich zu den Branchen Handel, Dienstleistungen, Handwerk und Gastronomie subsumieren. Dazu gehören bspw. Fotostudios, Handwerksbetriebe wie Bäckereien, Malerbetriebe und Druckereien, Bekleidungsgeschäfte, Hotels, Elektrogeschäfte sowie Autovermietungen.

Da sich lediglich zwei von 26 angefragte Unternehmen zur Durchführung eines Interviews bereit erklärt haben und die Befragung somit nicht repräsentativ ist, wird an dieser Stelle auf eine detaillierte Darstellung verzichtet. Im Folgenden werden wesentliche Kernaussagen vorgestellt.

Als Einflussfaktoren, die für die Schaltung von hyperlokaler Werbung entscheidend sind, wurden folgende Aspekte genannt:

- Erfolg bzw. Reichweite der Plattform
- Aktualität und Spezifität der Inhalte
- Positionierung der Bannerwerbung auf der Startseite
- Integration der Werbung in den Inhaltsbereich anstatt als Banner

Für die Geschäftsführer ist es von Relevanz, den Erfolg einer hyperlokalen Plattform über einen Zeitraum von ein bis zwei Jahren zu beobachten, bevor sie aktiv als Werbepartner mitwirken. Außerdem ist es bedeutend, dass auf der Website in regelmäßigen Abständen für das räumliche Umfeld relevante Informationen bereitgestellt werden. Hierzu zählen bspw. Neuigkeiten zu städtischen Bauprojekten, Meldungen über kulturelle Veranstaltungen sowie amtliche Bekanntgaben. Ferner wird vorausgesetzt, dass die Newsmeldungen inhaltlich auf die Bedürfnisse der Leser zugeschnitten sind und einen hohen Grad an Aktualität aufweisen.

Als weiterer Aspekt wurde die Positionierung der Werbeanzeigen auf der Startseite aufgeführt, da diese in der Regel von Lesern am häufigsten frequentiert wird und die Anzeigen somit mit einer größeren Wahrscheinlichkeit wahrgenommen werden.

Schließlich wurde beansprucht, alternative Werbeformen zur klassischen Bannerwerbung, wie bspw. die Einbindung von Unternehmensmeldungen in den Contentbereich, zu erhalten. Auch die Gründer von istlokal, ein Netzwerk für lokale Online-Medien, setzen auf dieses Modell. „Feste Einbindungen zu günstigen Preisen sind im lokalen Umfeld oft leichter zu vermitteln, als Klickzahlen und TKP (Tausender-Kontaktpreise). Außerdem stellt der Überblick über lokale Unternehmen und Dienstleister einen Mehrwert für die Leser dar" (istlokal Medienservice, 2012).

Eine weitere Möglichkeit wird beispielsweise von meinesüdstadt.de angeboten: Werbetreibende Firmen können als Partner gelistet werden und sich mittels eines Portraits und Bildern präsentieren. Besuchern der Seite wird so ein umfassenderes Bild der Unternehmen vermittelt, als mit einem herkömmlichen Werbebanner (Gebhardt, Moll & Soliz GbR, 2012).

5. *Fazit*

Hyperlokale Plattformen sind heute keine Seltenheit mehr und viele Verlage bieten inzwischen entsprechende Angebote an. Die Vorteile scheinen klar: Wenn sich der Leser erst einmal daran gewöhnt hat, für ihn persönlich wichtige Informationen aus seinem engsten Lebensraum an einer Stelle gebündelt zu finden, wird er auf diesen „Luxus“ nicht mehr verzichten wollen und gerne bei dem entsprechenden Angebot bleiben. Als begeisterter Nutzer wird er weitere User für das Angebot werben und so die Zugriffszahlen erhöhen. Eine solide Nutzerbasis macht die hyperlokale Plattform für Werbetreibende interessant, was zu steigenden Werbeeinnahmen der Plattformanbieter führen kann. Diese haben somit eine neue Finanzierungsquelle, die hilft, die bisherigen Defizite im Online-Bereich zu mindern.

In der Praxis sieht es in Deutschland derzeit (noch) ganz anders aus. Verschiedene hyperlokale Plattformen bieten zwar Werbeplätze an, können diese momentan aber nicht füllen, da das Interesse bei den Werbetreibenden nicht vorhanden ist. Dies ist zum einen darauf zurückzuführen, dass viele Werbetreibende bisher keine hyperlokalen Plattformen kennen und daher den Potenzialen skeptisch gegenüberstehen. Zum anderen ist es für viele kleine Unternehmen nicht attraktiv auf hyperlokalen Plattformen zu werben, da sie ohnehin über eine ausreichende Stammkundschaft verfügen oder aufgrund ihres Angebots und ihrer Lage eine ausreichend große Laufkundschaft haben.

Vor diesem Hintergrund scheint es augenblicklich zweifelhaft, dass die Plattformbetreiber mit hyperlokaler Werbung viel Geld verdienen und ihre Finanzierungslücke dadurch verringern können. Demgegenüber stehen einige Faktoren, die für eine Veränderung der Situation sprechen: Der Bekanntheitsgrad und die Nutzung hyperlokaler Plattformen steigen zunehmend. Dies lässt den Rückschluss zu, dass auch die Wahrnehmung der Bedeutung bei potenziellen Werbetreibenden zunimmt. Es ist damit zu rechnen, dass das Vertrauen der Werbetreibenden in hyperlokale Plattformen steigt, je länger diese verfügbar sind und je mehr sie sich etablieren. Und schließlich: Die nachrückende Generation der Geschäftsführer ist mit dem Internet aufgewachsen und wird eher bereit sein neue Wege wie Werbung auf hyperlokalen Plattformen auszuprobieren als die ältere Generation, die sich im Umgang mit dem Internet teilweise noch schwer tut.

Abschließend lässt sich festhalten, dass hyperlokale Plattformen derzeit noch keinen Ausweg aus der Krise im Zeitungsmarkt bieten.

Literaturverzeichnis

alleskIar.com AG (2012): Portale, http://www.alleskIar.com/portale.html. Zugriff am 19.8.2012

Bauer, J. (2011): Schauen Sie sich in Ihrem Viertel um - auf abendblatt.de, http://www.abendblatt.de/hamburg/mein-quartier/article1768104/Schauen-Sie-sich-in-Ihrem-Viertel-um-auf-abendblatt-de.html, Zugriff am 4.3.2011.

BDZV (2005): Zitate, http://www.bdzv.de/zitate0.html. Zugriff am: 21.01.2011.

BDZV (2011a): Zeitungen starten Digitalausgaben für das iPad. 14.1.2011. http://www.bdzv.de/information_multimed+M504386edadf.html, Zugriff am 12.2.2011

BDZV (2011b): Kosten- und Erlösstruktur: Durchschnittswerte der Abonnementzeitungen in Westdeutschland 2009 in Prozent, http://www.bdzv.de/schaubilder+M5040d71e30b.html, Zugriff am 13.3.2011.

BDZV (2011c): Tankstellen-Check im Internet, http://www.bdzv.de/information_multimed+M543d6bfcb1d.html, Zugriff am 3.3.2011.

BDZV (2011d): „Hildesheimer Allgemeine Zeitung“ startet Mitmach-Sportteil, http://www.bdzv.de/information_multimed+M591383be813.html, Zugriff am 3.3.2011.

Breyer-Mayländer, T. (2010): Paradigmenwechsel – Vertrieb überholt Werbung, in: BDZV (Hrsg.): Zeitungen 2010, Berlin 2010, S. 266-273.

Busemann, K./Gscheidle, C. (2010): Web 2.0: Nutzung steigt - Interesse an aktiver Teilhabe sinkt, in Media Perspektiven, Nr. 7-8/2010, S. 359-368.

Deuter, N. (2012): Eine Chance für den Lokaljournalismus, http://www.medien-monitor.com/Eine-Chance-fuer-den-Lokaljour.1844.0.html. Zugriffs an 2.8.2012

Döpfner, M. (2010): Lust am Untergang, in: manager magazin, 40. Jg. (2010), Nr. 1, S. 54-60.

Focus Medialine (2009): Hyperlokalität („hyperlocality“), http://www.medialine.de/deutsch/wissen/medialexikon.php?snr=7442, Zugriff am 24.1.2011.

Funk, D., Haller, A., Kocin, F., Lehman, N., Mossiossian, D., Schillke, A. (2012): Ergebnisse der empirischen Untersuchung zu Werbetreibenden auf hyperlokalen Plattformen, Unveröffentlichte Dokumentation, Hochschule der Medien, Stuttgart.

Gebhardt, Moll & Soliz GbR (2012): MEINE SÜDSTADT - Das Lokalportal für Kölns schönstes Veedel, http://www.meinesüdstadt.de/meine-südstadt. Zugriff am 14.7.2012

Huber, M./Kaspar, E. (2010): myheimat.de – lokale und sublokale Inhalte für Zeitungsverlage. In: Friedrichsen, M. (Hrsg.): Medienzukunft und regionale Zeitungen, Praxisforum Medienmanagement, Band 14, Nomos Verlag, Baden-Baden, S. 185-204.

istlokal Medienservice (2012): Vermarktungsmöglichkeiten; das Partnerprogramm, http://www.istlokal.de/istlokal-os/vermarktungsmoglichkeiten/. Zugriff am 3.8.2012

Kansky, H. (2010): Auf allen Plattformen – Verlage und ihre digitalen Geschäftsfelder, in: BDZV (Hrsg.): Zeitungen 2010, Berlin 2010, S. 176-190.

Keller, D. (2010): Schwierige Zeiten – Zur wirtschaftlichen Lage der deutschen Zeitungen, in: BDZV (Hrsg.): Zeitungen 2010, Berlin 2009, S. 41-118.

Köcher, R. (2009): Beschränkte Suche statt breiter Lektüre – Wie das Internet die Gesellschaft verändert, in: BDZV (Hrsg): Zeitungen 2009, Berlin 2009, S. 109-124.

Köhler, T. (2010): Der deutsche Tageszeitungsmarkt: Ein Markt in der Krise? In: Friedrichsen, M. (Hrsg.): Medienzukunft und regionale Zeitungen, Praxisforum Medienmanagement, Band 14, Nomos Verlag, Baden-Baden, S. 39-62.

Langer, U. (2010): Ken Doctor: "Lokalzeitungen müssen sich in der digitalen Welt neu ins Rennen bringen" http://medialdigital.de/2010/11/26/ken-doctor-lokalzeitungen-mussen-sich-in-der-digitalen-welt-neu-ins-rennen-bringen/ , Zugriff am 3.6.2012.

Landeshauptstadt Stuttgart (2011): Stuttgart-West-Einwohner, http://www.stuttgart.de/item/show/18436. Zugriff am 20.08.2012

Lohde, M. (2006): Wortbildung des Modernen Deutschen, Ein Lehr- und Übungsbuch. Tübingen: Narr Francke Attempto Verlag GmbH + Co.KG.

Mediencity (2009): Lokal, hyperlokal, nicht egal: Experimente mit Lokaljournalismus im Web, http://www.mediencity.de/Lokal-hyperlokal-nicht-egal-Experimente-mit.5740.0.20.html, Zugriff am 23.2.2011

Pasquay, A. (2005):

Pasquay, A. (2010a): Zur wirtschaftlichen Lage der Zeitungen 2010. http://www.bdzv.de/wirtschaftliche_lage+M5650c2f558e.html, Zugriff am 12.2.2011

Pasquay, A. (2010b): Zeitungen und ihre Leser in Stichworten. http://www.bdzv.de/1826.html, Zugriff am 3.3.2011.

Rhein-Neckar-Zeitung GmbH (2012): Regional, http://www.rnz.de/Regional.php. Zugriff am 19.8.2012

Riefler, K. (2010): Hyperlokale Verlagsstrategien. Fallbeispiele – Erlösmodelle – Erfolgsfaktoren. BDZV, Berlin 2010.

Schenk, M./Wolf, M. (2004): Ist die Medienkrise zu Ende? Status Quo im Werbemarkt, in: Friedrichsen, M./Schenk, M. (Hrsg.): Globale Krise der Medienwirtschaft. Dimensionen, Ursachen, Folgen. Baden-Baden 2004, S. 35-44.

Schillke, A. (2012): Analyse der Erfolgsfaktoren hyperlokaler Plattformen aus Sicht der Werbetreibenden. Unveröffentlichte Studienarbeit, Hochschule der Medien Stuttgart.

Schmitt, U. (2009): Das große Zeitungssterben, 15.4.2009, in: Welt Online, http://www.welt.de/die-welt/article3557695/Das-grosse-Zeitungssterben.html, Zugriff am 14.1.2010.

Schulte Döinghaus, U. (2009): Was soll eigentlich verhindert werden? Konferenzbericht der Medien-Fachkonferenz „Meinungs-Vielfalt" am 29.4.2009 in Berlin. http://library.fes.de/pdf-files/stabsabteilung/06970.pdf, Zugriff am 12.2.2011.

Schulze Steinmann, S. (2012): Locum, http://www.frag-caesar.de/lateinwoerterbuch/loca-uebersetzung-1.html. Zugriff am 25.8.2012

Schwäbische Zeitung Online, Gesellschaft für Multimedia mbH & Co. KG (2012): Region, http://www.schwaebische.de/. Zugriff am 19.8.2012

Seebörger, I. (2012): About, http://www.kiezblogs.de/ueber-kiezblogs-die-nachrichten-aus-deinem-kiez. Zugriff am 24.08.2012

Siebenhaar, H.-P. (2009): Ice Age in Print – Warum die Lage auf dem amerikanischen Zeitungsmarkt nicht auf Deutschland übertragbar ist, in: BDZV (Hrsg.): Zeitungen 2009, Berlin 2009, S. 151-162.

Siepmann, R. (2010): USA und Deutschland – Zwei Zeitungsmärkte auf dem Prüfstand, in: BDZV (Hrsg.): Zeitungen 2010/11, Berlin 2010, S. 234-241.

Van der Wurff, R. (2009): The Impact of the Internet on Media content, in: The Internet and the Mass Media, London, 2009, S. 65-85.

WAZ NewMedia GmbH & Co. KG (2012): Unsere Lokalstädte, http://www.derwesten.de/staedte. Zugriff am 19.8.2012

Weichert, S.;/Kramp, L./Matschke, A. (2009): Wie das Internet die Presse revolutioniert – Wozu noch Zeitungen. Vandehoeck&Ruprecht, Göttingen.

Wessling, E. (2009): Chancen für Zeitungsverlage in der digitalen Welt. http://www.ewald-wessling.de/cms/downloads/2009-06-23_Wessling_eigene%20Veroeffentlichung_Chancen%20fuer%20Tageszeitungsverlage%20in%20der%20digitalen%20Welt_Geschaeftsbericht%202008.pdf, Zugriff am 6.6.2012.

WVW Westdeutsche Verlags- und Werbegesellschaft mbH & Co. KG (2012): Besondere Angebotsformen. Abgerufen am 20. 08. 2012 von wvw-anzeigenblaetter.de: http://www.wvw-anzeigenblaetter.de/wvw/wvw.impressum.php. Zugriff am 20.8.2012

Die Zeitung im Spannungsfeld zwischen traditionellem Wertebild und den Erwartungen im Netz

Tanja Kehrer[*]

Die Zeitung gehört heute noch immer zu den meist genutzten Medien in Deutschland. Zwar hat sich ihr Stellenwert im Laufe der letzten Jahrzehnte durch den Rundfunk und das Internet stetig verändert, trotzdem wird mit der Zeitung noch immer eine gewisse Wertvorstellung verbunden. Die der Zeitung anhaftenden Eigenschaften wie beispielsweise Glaubwürdigkeit, Qualität und journalistische Sorgfalt verhelfen der Printzeitung in Deutschland auch heute noch dazu, sich im Medienmarkt zu behaupten. (Pasquay, 2012; BDVZ, 2012a)

Durch die Verbreitung des Internets sehen sich Zeitungen jedoch seit Jahren zunehmend mit neuen Herausforderungen konfrontiert: Die Zeitungsverlage haben erkannt, dass sie ihr Angebot auf das Netz ausweiten und ihre Inhalte sowohl den technologischen Eigenschaften des Online-Mediums als auch dem daraus resultierenden Nutzerverhalten der Netzleser anpassen müssen. Erste Schritte, wie das Schaffen von Online-Präsenzen, liegen mittlerweile bereits Jahre zurück. Vor allem die Erwartungen der Nutzer an das Medium Internet sind es, an denen sich Zeitungsverlage bei der Aufbereitung und Darstellung ihrer Online-Inhalte orientieren müssen – letztendlich bestimmt die Leserschaft, welchen Stellenwert die Zeitung im Internet einnimmt, welche Inhalte erwünscht sind und wie diese aufbereitet sein sollen.

Doch können die Zeitungen die ihnen zugesprochenen und in der Gesellschaft etablierten Werte und Kernkompetenzen auch online aufrecht erhalten? Spielen diese Werte bei Zeitungswebsites überhaupt eine Rolle und sind diese mit den Motiven der Internetnutzung, den Verhaltensmustern und den daraus resultierenden Erwartungen der heutigen Gesellschaft vereinbar?

Im Folgenden soll zunächst ein Überblick darüber gegeben werden, welchen Stellenwert das Medium Zeitung in Deutschland heute einnimmt, wie das Internet die deutsche Zeitungslandschaft verändert hat und welche Erwartungen Zeitungsleser an die Zeitungsverlage hinsichtlich ihrer Online-Präsenzen haben. Grundlegend werden hierzu die allgemeinen Nutzungsmotive von Online-Inhalten betrachtet, die es aus Sicht der Zeitungsverleger zu beachten und in Einklang mit ihren Online-Präsenzen zu bringen gilt. Anhand eines Beispiel-

* Mitarbeiterin im Studiengang Online-Medien-Management der Hochschule der Medien, Stuttgart

Zeitungsartikels soll im Anschluss aufgezeigt werden, wie Zeitungsverlage versuchen mit entsprechender Aufbereitung ihrer Online-Inhalte den Erwartungen ihrer Online-Leser gerecht zu werden und gleichermaßen das Ziel verfolgen, das ihnen zugesprochene traditionelle Wertebild weiterhin aufrecht zu erhalten.

1. Traditionelles Wertebild der Zeitung in Deutschland

Die Zeitung, insbesondere die Tageszeitung, nimmt in Deutschland traditionell eine wichtige Rolle in der öffentlichen Meinungsbildung ein: Ihr werden eine Informations-, eine Meinungsbildungsfunktion sowie eine Bildungs- und Unterhaltungsfunktion zugeschrieben. (Lampret, 2007, S. 8ff.) Ferner fungiert die Zeitung als Kontrollorgan zur Überwachung des Handelns von „Regierung, Parlament und Institutionen in der Öffentlichkeit" (Lampret 2007, S. 9; Burkhardt 2009, S. 77f.). Die Presseverlage sind sich ihrer privilegierten Stellung bewusst und unterstellen ihre Berichterstattung der journalistischen Sorgfaltspflicht: „Verleger, Herausgeber und Journalisten müssen sich bei ihrer Arbeit der Verantwortung gegenüber der Öffentlichkeit und ihrer Verpflichtung für das Ansehen der Presse bewusst sein." (Deutscher Presserat 2008) In der Präambel der vom Deutschen Presserat in Zusammenarbeit mit den Presseverbänden herausgegebenen, publizistischen Grundsätze wird ferner die Objektivität als zentrales Merkmal jeglicher Berichterstattung identifiziert: „Sie [die Journalisten] nehmen ihre publizistische Aufgabe fair, nach bestem Wissen und Gewissen, unbeeinflusst von persönlichen Interessen und sachfremden Beweggründen wahr." (Deutscher Presserat 2008)

Als vorrangige Motive für das Lesen von Tageszeitungen nannten 2010 97 Prozent aller Befragten das Informieren gefolgt von ‚nützliches für den Alltag zu erfahren' (81 Prozent). Ferner gaben 76 Prozent ‚das mitreden können' als Nutzungsmotiv an. Spaß beim Lesen der Tagezeitung nannten immerhin noch 66 Prozent aller Befragten als Motiv. (Ridder & Engel, 2010, S. 538)

Zeitungsleser greifen auch deshalb zum klassischen Printprodukt, weil ihnen die Zeitung im Vergleich zu neueren Medien eine gewisse Sicherheit in der Handhabung aber auch in Bezug auf die Qualität und den Wahrheitsgehalt der Inhalte gibt. (Oehmichen & Schröter, 2010, S. 467) Das Zeitunglesen bereitet außerdem ein „haptisches Vergnügen", ohne dass dieses Gefühl näher begründet werden kann (Rager 1999, S. 143). Ebenfalls werden der Printzeitung aus Lesersicht positive Eigenschaften wie das Vorselektieren von Informationen, eine bessere Lesbarkeit aufgrund des Gedruckten oder aber das Gefühl greifbarer Inhalte in Bezug auf die eigene Lebenswelt zugeschrieben (Heuer 2010, S. 92f.).

Sowohl die Nutzungsmotive als auch die qualitativ hohen Ansprüche der Presseverlage selbst spiegeln sich in den Erwartungen der Zeitungsleser wider und führen zu einer bestimmten Wertvorstellung. Diese Wertvorstellung drückt sich neben der Qualität und journalistischen Sorgfalt auch in der Glaubwürdigkeit des Mediums aus. Ridder und Engel belegen hohe Glaubwürdigkeit der Zeitung mit aktuellen Zahlen der ARD/ZDF-Onlinestudie: Die Tageszeitung wird nach dem Fernsehen (63 Prozent) von 60 Prozent aller Befragten als glaubwürdig eingestuft; das Internet hingegen wird mit nur 29 Prozent noch nach dem Hörfunk (49 Prozent) als das am wenigsten glaubwürdigste Medium eingestuft. (2010, S. 542)

2. *Entwicklung der Tageszeitung im Netz*

Die Selbstauffassung der Zeitungsverlage und die Erwartungen der Leser befinden sich demzufolge im Einklang: Das Informationsbedürfnis der Leser wird durch qualitativ hochwertige Berichterstattungen und journalistische, professionelle Hintergrundberichte befriedigt. Trotzdem verzeichnen die Tageszeitungen seit Anfang der 90er Jahre rückläufige Zahlen: Seit 1993 sank die Anzahl der gedruckten Exemplare kontinuierlich von 25,9 Millionen (Röper 2006, zit. n.Wirtz 2009, S.180) auf 22,84 Millionen im Jahr 2010 (IVW/BDZV, 2010). Obwohl dieser leichte aber stetige Rückgang gedruckter Zeitungsangebote zu beobachten ist – zeitweilen wird auch vom sog. Zeitungssterben gesprochen – bleiben die Reichweiten weitestgehend stabil. Betrachtet man den Gesamtmarkt Zeitung, bestehend aus Print- und Online-Angeboten, verzeichnet dieser aktuell eine hohe Reichweite: So lesen laut Pasquay Zweidrittel der Deutschen über 14 Jahre regelmäßig die gedruckte Tageszeitung, was knapp 47 Millionen Lesern entspricht. (Pasquay, 2012). Die Gesamtauflage der gedruckten Tageszeitungen erreichten 2012 somit 66,6 Prozent (BDVZ, 2012a). Die Websites der Verlage werden außerdem von fast 40 Prozent der über 14-Jährigen regelmäßig besucht. Besonders die 14- bis 29-Jährigen sind online sehr präsent: Die Reichweite der Verlagswebsites stieg hier „seit Ende 2011 um zehn Prozent auf 62,6 Prozent“ (Pasquay, 2012).

Aufgrund dieser Entwicklung auf dem Markt müssen sich Zeitungsverlage seit einigen Jahren zunehmend die Frage stellen, inwiefern sich die Erwartungen der Leser an die Online-Ausgabe einer Zeitung im Gegensatz zum klassischen Printprodukt unterscheiden.

Hierzu wird nachfolgend zunächst betrachtet, welchen Stellenwert das Internet derzeit in der Bevölkerung hat und welche Nutzungsmotive zugrunde liegen. Die sich durch die Erwartungen der Nutzer an Online-Inhalte ergebenden Implikationen für die Aufbereitung der Inhalte von Online-Zeitungen werden anschließend erörtert.

2.1 Stellenwert des Internets

Laut den von ARD und ZDF von 1997- 2009 durchgeführten Studien zur Online-Nutzung in Deutschland wurde das Internet 1997 von 6,5 Prozent der deutschen Bevölkerung zumindest gelegentlich genutzt. 2009 umfasste der Anteil der Internetnutzer bereits 67,1 Prozent der Deutschen, wobei 71,6 Prozent dieser Teilgruppe sogar täglich im Netz waren. (van Eimeren & Frees, 2009, S. 335) Diese Zahlen belegen eindrucksvoll den Wandel der Gesellschaft hin zur Informationsgesellschaft, welcher sich bedingt durch den rasanten Fortschritt im Technologiebereich und den dadurch neu geschaffenen Strukturen und Möglichkeiten für alle Medien vollzog. Zentrales Merkmal dieses Wandels ist die Konvergenz der klassischen Kommunikations- und Massenmedien im Kontext einer digitalen, weltweit vernetzten „Plattform".

Die „`Alles zu jeder Zeit` Mentalität" der Gesellschaft, die durch das rasche Verbreiten des Internets im privaten Bereich heute erwartet wird, fordert klassische Medienanbieter geradezu auf, ihre Inhalte „selbstverständlich [...] zum zeit- und ortssouveränen Abruf im Netz [bereitzustellen]" (van Eimeren & Frees, 2009, S. 347). Besonders die jüngeren Online-Nutzer folgen diesem Rezeptionsprinzip zunehmend und greifen auf mediale Inhalte zu jeder beliebigen Zeit und an jedem beliebigen Ort zu. (van Eimeren & Frees, 2008, S. 350) Die Einfachheit der Beschaffung, der geringe Zeitaufwand und die Vielfalt der Inhalte scheinen das Mediennutzungsverhalten der Gesellschaft allgemein zu verändern und gleichzeitig das Online-Nutzerverhalten stark zu prägen: Mit einem Klick kann eine Vielzahl an Inhalten erreicht werden, mit wenigen weiteren Klicks können nahezu unendlich viele thematisch gleiche oder verwandte Inhalte aufgerufen, Hintergründe erfasst und in einen neuen Kontext gesetzt werden. Diese Nutzungsmöglichkeiten und das dadurch veränderte Nutzerverhalten üben nicht nur einen Sog auf die Rezipienten aus, sondern setzen auch die klassischen Medien unter Druck, sich diesen Gegebenheiten und dem Nutzerverhalten anzupassen. (Oehmichen & Schröter, 2010, S. 469)

Im Bereich der Informationsbeschaffung wird dies, im Gegensatz zur Nutzung von klassischen Printprodukten, besonders deutlich: So informieren sich Online-Nutzer heute nicht mehr zu einem bestimmten Zeitpunkt über das aktuelle Tagesgeschehen, sondern rufen meist mehrmals täglich die Informationen ab, um stets auf dem aktuellsten Stand zu sein. Anbieter tagesaktueller Inhalte ermöglichen dies dem Leser durch ständige Nachrichten-Updates. (van Eimeren & Frees, 2008, S. 354) Online-Inhalte, die im Minutentakt publiziert werden können, sind denen der klassischen Medienprodukte wie bspw. der Zeitung im Hinblick auf Aktualität somit weit überlegen. So erwarten die Leser im Internet laut Müller von Blumencron „rasche Analysen, kundige Hintergrundstücke, die dem

Leser vor den Abendnachrichten und vor der Zeitung am nächsten Morgen [...] die Ereignisse richtig und zuverlässig gewichten“ (2008, S. 633).

Die ARD/ZDF-Onlinestudie 2010 belegt dies mit Zahlen: Bei der Frage, welches Image mit den einzelnen Medienarten verbunden wird, fällt die klassische Tageszeitung bei der Aktualität mit 41 Prozent hinter das Internet, welchem dieses Image zu 46 Prozent zugesprochen wird. (Ridder & Engel, 2010, S. 542) Auch scheint die Möglichkeit, jederzeit auf einfache Art und Weise einen möglichst umfassenden Überblick über – auf die Kernaspekte reduzierten – Informationsangebote zu bekommen, im Vordergrund zu stehen.

Van Eimeren und Frees sehen die „Internetentwicklung in Deutschland durch [eine] zunehmende Habitualisierung“ geprägt (2009, S. 336f.), ebenso wie Ridder und Engel, die von der „Habitualisierung der Nutzung“ des Internets sprechen, was sich über alle Altersgruppen hinweg durch den Anstieg der „gewohnheitsmäßigen Nutzung“ – innerhalb von fünf Jahren von 28 Prozent auf 42 Prozent – zeigt (2010, S. 539). Trotzdem wird das Internet weiterhin als das Medium angesehen, welches sich „komplementär oder ergänzend zu den klassischen Medien in den Alltag [...] [einfügt]“ (Oehmichen & Schröter, 2010, S. 457).

Das Online-Nutzungsverhalten der Rezipienten beeinflusst somit auch das der klassischen Mediengattungen, was auch die ARD/ZDF-Onlinestudien der letzten Jahre belegen. Bezogen auf die deutsche Bevölkerung sind demnach die Nutzungsanteile der klassischen Medien zu Gunsten der zunehmenden Fokussierung auf das Internet stetig gesunken. So ist der „Prozess der Zuwendung zum Internet und der Relativierung der klassischen Medien“ gerade für die junge Generation noch in vollem Gange (Oehmichen & Schröter, 2010, S.466f.). Doch auch die ältere Generation, die im Hinblick auf die Nutzung des Internets derzeit noch eher als zurückhaltend bezeichnet wird, wendet sich zunehmend diesem Medium zu. (Wirtz 2009, S. 39)

2.2 Zeitung im Netz

Am Rückgang der gedruckten Auflagen von Tageszeitungen lässt sich die Umverteilung der intermedialen Nutzungsanteile auch für das klassische Zeitungsangebot erkennen. Da, wie bereits aufgezeigt, für den Gesamtmarkt Zeitung (Print und Online) jedoch kaum von Einbußen gesprochen werden kann, muss zum einen von einer Verlagerung eines Teiles der Zeitungs-Leserschaft von der Print- hin zur Online-Ausgabe, zum anderen von einer durch die Online-Präsenz der Tageszeitungen neu entstandenen Zielgruppe ausgegangen werden.

2009 griffen 17,6 Millionen der Internetnutzer in Deutschland regelmäßig auf Zeitungswebsites zu (Lehari jr. 2010, S. 122; Pasquay 2010, S. 2f.) Pasquay stellt hierzu fest, dass bereits 40 Prozent aller Zeitungs-Leser regelmäßig Online-

Ausgaben nutzen, sich diese aber wiederum nur zu 15 Prozent mit den Lesern von gedruckten Zeitungsausgaben überschneiden. (Pasquay, 2010, S. 2f)

Van Eimeren und Frees belegen mit den Ergebnissen der ARD/ZDF-Onlinestudie 2010, dass die Zahl der Online-Nutzer, die die komplementären Angebote von Zeitungen und Zeitschriften im Netz aufsuchen, von 41 Prozent im Jahr 2008 auf 51 Prozent im Jahr 2010 gestiegen ist. Dieser Nutzungsanstieg lässt sich auch bei Online-Ablegern von Fernseh- und Radiosendern verzeichnen, was zeigt, dass „weiterhin ein deutlicher Markentransfer von der Offline- in die Onlinewelt [stattfindet]". (van Eimeren & Frees, 2010, S. 350)

Dass deshalb heute fast jede Zeitung im Netz präsent ist, zeigen aktuelle Zahlen: Insgesamt verfügten 2012 bereits 661 Zeitungen in Deutschland über Online-Angebote. (BDZV, 2012b) (s. Abb. 1)

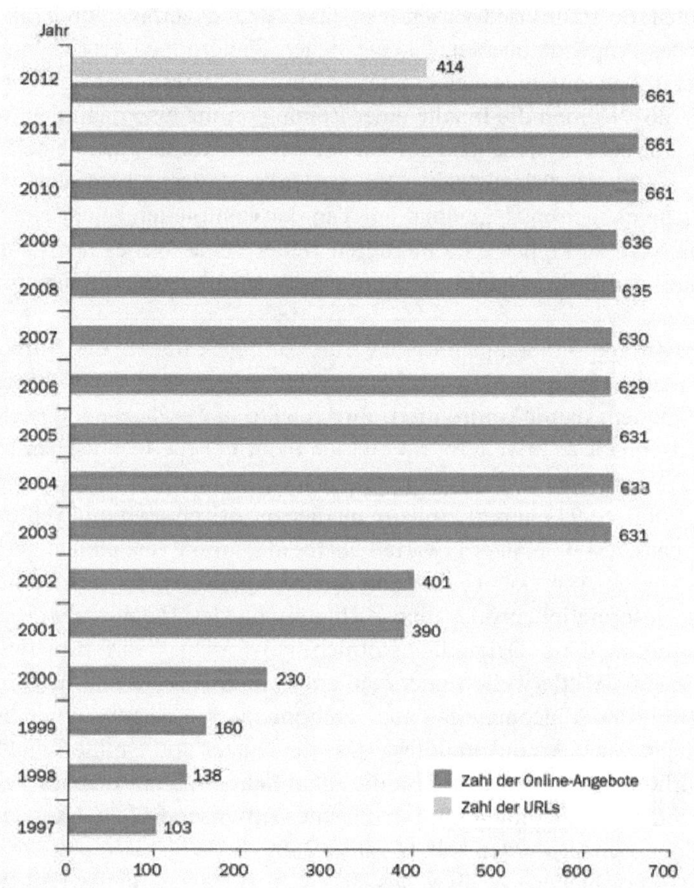

Abbildung 1: Entwicklung der Onlineangebote der Zeitungen in Deutschland (BDVZ, 2012b)

Bereits Mitte der 90er Jahre sahen sich die Zeitungsverlage durch das Aufkommen und die schnell ansteigende Verfügbarkeit des Internets für Privathaushalte ebenso wie die Rundfunkanbieter gezwungen, ihr bis dahin klar abgegrenztes Erscheinungsbild gegenüber anderen Medien dem veränderten Mediennutzungs-Verhalten anzupassen und ihre Inhalte online anzubieten.

Die ersten Online-Auftritte von Tageszeitungen verzeichneten 1995 die *Schweriner Volkszeitung*, der Berliner *Tagesspiegel*, die *taz* und *Die Welt*. (Pürer & Raabe 2007, S. 432f.; Fuhrmann & Kansky, 2007) War der Internetauftritt damals zum größten Teil eine 1:1-Version der Printausgabe (Pasquay, 2010a, S. 5), zeigte sich bald darauf, dass es im Hinblick auf die Bereitstellung und Darstellung von Informationen neue Möglichkeiten gab und diese auch genutzt werden sollten. So stellt Friedrichsen fest, dass Zeitungsverlage durch ein „inhaltlich identisches Angebot im Netz“ keine neuen Zielgruppen erreichen können, da jeglicher Inhalt auf eine bestimmte Zielgruppe abgestimmt sei. (Friedrichsen, 2010, S. 26) Würden die Inhalte einer Zeitung online also nicht den Möglichkeiten des Internets entsprechend aufbereitet werden, könne auch keine andere Zielgruppe als die der Printausgaben für die Online-Präsenz begeistert werden. Zudem reiche es nicht aus, „einmal am Tag den kompletten Inhalt einer Tageszeitung ins Netz zu kippen“, da hierdurch weder etwas Neues noch ein Mehrwert gegenüber dem Printprodukt geschaffen wird (Müller von Blumencron, 2008, S. 632).

Zeitungsverlage standen somit recht früh vor der Aufgabe, die Aufbereitung ihrer Inhalte an das neue Distributionsmedium anzupassen. Noch heute sehen sie sich permanent damit konfrontiert, ihre Inhalte um ergänzende Darstellungsformen konsequent zu erweitern. So müssen nicht nur die technischen Möglichkeiten und Strukturen bei der Bereitstellung von Inhalten ausgeschöpft werden (Wirtz, 2009, S. 71), um die Inhalte medienspezifisch an die jeweilige Zielgruppe anzupassen: Die Nutzer erwarten auch ein „attraktives, mediengerecht aufbereitetes Online-Angebot“ (Fuhrmann & Kansky, 2007). So werden bspw. tiefergehende Informationen oder eine Aufbereitung des Inhaltes durch zusätzliche, bspw. multimediale Darstellungsformen gewünscht. (van Eimeren & Frees, 2010, S. 350) Mittlerweile findet man auf Online-Präsenzen von Zeitungen verstärkt Bild- und Videomaterial, aber auch interaktive Angebote wie bspw. Foren oder Chats. Auch Arnold stellt fest, dass die Nutzer von Online-Inhalten der Zeitungsverlage zwar erwarten, dass die inhaltliche Qualität der des Printprodukts entspricht, die Darstellung aber durch internettypische Elemente wie bspw. Bewegtbilder ergänzt werden soll. (Arnold, 2009, S. 333)

Eine 2010 erschienene Analyse des BDZV, der 658 Zeitungswebsites zu Grunde liegen, besagt, „dass die digitalen Angebote der Tageszeitungen im Vergleich zu 2008 deutlich vielfältiger, individueller und attraktiver geworden sind“ (Pasquay, 2010a, S.6).

3. *Erwartungshaltung an die Zeitungen im Netz*

Neben den Möglichkeiten, die das Medium Internet für Anbieter und Nutzer bereitstellt, sind es insbesondere die Erwartungen der Rezipienten an Online-Angebote, die maßgeblich entscheidend dafür sind, wie sich Zeitungsverlage künftig im Netz präsentieren und ihre Inhalte aufbereiten. Für Zeitungsverlage ist deshalb das Wissen darüber, welche Nutzungsmotive bei ihren Lesern - vornehmlich den Online-Lesern - im Vordergrund stehen, essentiell.

3.1 Nutzungsmotive

Grundsätzlich können allen Mediengattungen Funktionen bzw. Aufgaben zugeschrieben werden, welche größtenteils in Verbindung zu den Nutzungsmotiven des jeweiligen Mediums zu sehen sind. Wie bereits in Kapitel 2 aufgezeigt, stehen bei den gedruckten Tageszeitungen das Informieren, ‚Nützliches für den Alltag erfahren' und das ‚Mitreden können' im Vordergrund; diese Kriterien kristallisieren sich in den letzten Jahren zunehmend auch als Nutzungsmotive des Mediums Internet heraus.

So belegt die ARD/ZDF-Onlinestudie von 2010, dass als primäres Nutzungsmotiv des Internets das Informieren von 91 Prozent aller Befragten genannt wurde, gefolgt vom Spaß-Faktor im Netz (80 Prozent) und dem Motiv ‚Nützliches für den Alltag erfahren' (80 Prozent). (Ridder & Engel, 2010, S. 539). So sahen 2009 von den Online-Nutzern 33 Prozent das Internet und nur noch 29 Prozent die Tageszeitung als Informationsmedium erster Wahl. Aktuelle Nachrichten werden dabei immer öfter über das Internet gesucht und aufgerufen: Während dies 2008 lediglich 52 Prozent der Online-Nutzer taten, stieg die Zahl innerhalb eines Jahres auf 59 Prozent. (van Eimeren & Frees, 2009, S. 337ff.) Dies zeigt, dass der Zeitung von der Gesellschaft heute kein eindeutiges, nur auf sie zutreffendes Nutzungsmotiv mehr zugeschrieben wird.

Betrachtet man die Verweildauer der Rezipienten im Netz, entfällt bereits rund ein Fünftel der Zeit auf die Informationssuche und Nutzung von Informationsangeboten, was den insgesamt hohen Stellenwert aktueller Nachrichten im Internet unterstreicht. Der Unterhaltungsfunktion im Netz kommt die Hälfte der Zeit zu, die für die Informationsfunktion aufgebracht wird. (Oehmichen & Schröter, 2010, S. 460ff.) Im Hinblick auf allgemeine Informationsangebote im Internet stellen Oehmichen und Schröter außerdem fest, dass sich hier eine deutliche „Verschiebung in Richtung Kommunikation und Unterhaltung" ablesen lässt (2009, S. 434).

3.2 Unterhaltungsformen

Vor allem jüngere Online-Nutzer sprechen bspw. der Kommunikation und der Unterhaltung im Internet einen höheren Stellenwert zu als dem Informationsaspekt, welcher wiederum bei der älteren Generation wichtiger als Unterhaltung ist. (Oehmichen & Schröter, 2010, S. 460f.) „Die Wahrnehmung des Internets als unterhaltsames Medium [...] ist in der jungen Generation relativ stark ausgeprägt“ (S. 440), die Unterhaltungsfunktion des Internets wird jedoch auch zunehmend von der mittleren Generation entdeckt (Oehmichen & Schröter, 2009, S. 440f).

Unterhaltung im Internet muss allerdings noch einmal eigens definiert werden: Für Online-Nutzer zählen zur Unterhaltung im Netz die Nutzung von Audio- und Videoangeboten (Oehmichen & Schröter, 2010, S. 464), welche als treibende Kraft der steigenden Nutzerzahlen im Netz gesehen werden (van Eimeren & Frees, 2010, S. 351).

So konnte bei jüngeren Online-Nutzern in den letzten Jahren bereits eine „überproportional gewachsene Zuwendung zu Videoanwendungen“ im Internet verzeichnet werden (Oehmichen & Schröter, 2009, S. 439). Mittlerweile rufen 87 Prozent der 14- bis 19-Jährigen Online-Nutzer und knapp mehr als die Hälfte der 20- bis 29-Jährigen mindestens einmal in der Woche diese Bewegtbildangebote im Netz auf. (van Eimeren & Frees, 2010, S. 351)

Die überdurchschnittlich häufige Nutzung dieser Angebotsform deutet bereits auf die Aussage von Ridder und Engel hin (2010, S. 539), dass 2010 in dieser Altersgruppe das Nutzungsmotiv Spaß im Internet an erster Stelle stand. Über alle Altersgruppen hinweg nutzen immerhin knapp mehr als ein Drittel der Onliner (36 Prozent) wöchentlich Bewegtbildangebote, was die wachsende Bedeutung dieser Angebotsform im Internet widerspiegelt. (van Eimeren & Frees, 2010, S. 351)

Neben dem Unterhaltungsaspekt nennen van Eimeren und Frees die durch die multimedialen Darstellungsformen ermöglichte, bereits genannte „individualisierte, flexible, zeit- und ortssouveräne Mediennutzung“ als weiteren Grund für die Wachstumsdynamik der Bewegtbildangebote (2009, S. 342).

3.3 Multimediale Unterhaltungselemente

Auch kommt den multimedialen Elementen eine wichtige Bedeutung bei der Inhaltevermittlung zu: Verschiedene Studien belegen, dass Leser sich allgemein – egal ob print oder online – meist am auffälligsten Element der Seite, oft einem visuellen, orientieren. (Arnold, 2009, S. 283) Die Multimedialität als Angebotsform im Internet ist deshalb besonders hervorzuheben. (Friedrichsen, 2010, S. 19)

Durch die Möglichkeit der einfachen Verknüpfungen von Textblöcken oder multimedialen Elementen, werden außerdem die Inhalte journalistisch in kleinen Einheiten aufbereitet, was es dem Rezipienten erleichtert, die Inhalte zu konsumieren und zudem ein individuelles Rezeptionsmuster ermöglicht. (Theile, 2009, S. 261)

Am deutlichsten zeigt sich das bei der jüngeren Generation, bei der das Internet viel stärker in den Alltag eingebunden ist, als bei anderen Altersgruppen: Durch die Verknüpfung von verschiedenen medialen Elementen wie Text, Ton und Bild entsteht eine Vielfalt an multimedialen Darstellungsformen, welche den Nutzer wiederum individuell ansprechen können.

So kann festgehalten werden, dass Online-Inhalte durch das Einbinden multimedialer Elemente interessant und aufmerksamkeitserregend gestaltet werden können. Durch die hypermedialen Textformen wird ein individuelles Rezeptionsmuster für die Leser ermöglicht und dadurch das Ansprechen verschiedener Zielgruppen erreicht.

3.4 Anforderungen an Zeitungsverleger

Aus den Nutzungsmotiven des Internets und den veränderten Rezeptionsmustern lassen sich verschiedene Konsequenzen für die Online-Auftritte von Tageszeitungen ableiten. Geht man davon aus, dass die Zeitungen online ebenso wie das Printpendant in erster Linie informieren möchten und der Unterhaltungsaspekt - wenn überhaupt - eher im Hintergrund steht, wird deutlich, warum insbesondere die jüngere Generation der Zeitung, selbst wenn diese im Internet präsent ist, weniger Beachtung schenkt, als die Zeitungsbranche es sich wünscht. Wollen die Zeitungen über längere Sicht die jüngere Generation für sich und ihr Angebot gewinnen, ist es unumgänglich deren Nutzungsmotive und Rezeptionsmuster im Internet als Grundlage dafür heranzuziehen, wie sie ihre Inhalte im Netz bereitstellen:

So wird es unumgänglich sein, insbesondere die Multimedialität, ebenso wie bspw. die Möglichkeit weiterer Hintergrundinformationen, Hyperlinks oder interaktiver Angebote, auszuschöpfen. (Lampret, 2007, S. 62) Bei Übernahme von Inhalten aus dem Printprodukt ins Internet sollten deshalb diese Darstellungsmöglichkeiten genutzt werden, um den Lesern neben der reinen Informationsvermittlung den zusätzlichen Nutzen der Unterhaltung zu bieten. (Arnold, 2009, S. 330) Zeitungsverlage müssen sich diesem erwünschten Zusatznutzen bewusst sein, da die heute jüngeren Online-Nutzer über kurz oder lang diejenige Zielgruppe darstellen, die die Zeitungsverlage für sich und ihr Angebot gewinnen wollen. Eine zielgruppenadäquate Anpassung des Online-Contents ist somit unumgänglich. (Oehmichen & Schröter, 2010, S.466f.)

3.5 Umsetzung

Dass Zeitungsanbieter auf diese veränderten Nutzungsmotive und Rezeptionsmuster reagiert und ihr Informationsangebot im Netz zunehmend mit multimedialen Elementen ergänzt haben, zeigen die heute im Internet weit verbreiteten Bild- und Videoangebote obwohl dadurch gerade bei den klassischen Printmedien „die stärkste Entkoppelung vom originären Produkt [stattfindet]" (van Eimeren & Frees, 2010, S. 351). Dominiert in den Printausgaben der Zeitung das Textelement, wird dieses bei den Online-Ausgaben durch Bilder, oft Fotostrecken ergänzt. Teilweise übernehmen dadurch die multimedialen Elemente sogar das primäre Informieren – der Text rückt in den Hintergrund (vgl. Kap.4).

Die Relevanz multimedialer Darstellungen von Online-Inhalten lässt sich besonders am Beispiel von Videoangeboten verdeutlichen: Diese sind in den letzten Jahren stark gewachsen. Das belegt auch die Studie „Zeitung Online 2008", in der untersucht wurde, wie die 100 auflagenstärksten Tageszeitung vor dem Hintergrund des veränderten Mediennutzungsverhaltens print und online verbinden: Hatten im Jahr 2006 lediglich 37 Prozent der Internetpräsenzen von Tageszeitungen Videos eingebunden, stieg die Anzahl innerhalb von zwei Jahren auf 82 Prozent. Einen so großen Zuwachs und hohe Verbreitung konnte in diesem Zeitraum kein anderes Online-Element verzeichnen (s. Abb. 2). (BDZV, 2009)

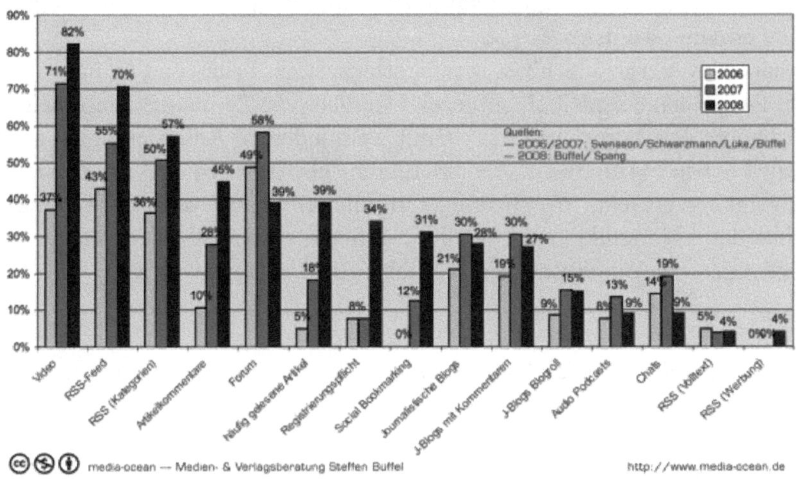

Abbildung 2: Features von Online-Angeboten deutscher Tageszeitungen
(media-ocean, o.J., entnommen von ZMG Zeitungs Marketing Gesellschaft, 2010)

2010 boten bereits 498 Online-Präsenzen von Zeitungsverlagen Videos an – knapp 60 Prozent der Videos werden dabei von den Verlagen selbst produziert (Lehari jr. 2010, S. 122). Dass die Nachfrage nach multimedial aufbereiteten Informationsangeboten nicht ausschließlich durch die jüngere Generation erfolgt, zeigen die Ergebnisse der ARD/ZDF-Onlinestudie 2010: Auch die 30- bis 59-Jährigen Online-Nutzer rufen überdurchschnittlich häufig speziell die Videoangebote auf Online-Präsenzen von Tageszeitungen auf. (van Eimeren & Frees, 2010, S. 351)

Mit der Verknüpfung informativer und zugleich – durch multimediale Darstellungsformen erzeugter – unterhaltsamer Inhalte im Netz, nutzt die Zeitung also die gegebenen Möglichkeiten des Online-Mediums und versucht damit gleichermaßen den Erwartungen und dem veränderten Nutzerverhalten der Online-Leserschaft gerecht zu werden. Jedoch nicht in dem Maße, wie sie es könnten: Zwar ist die Adaption von Printinhalten zur Online-Ausgabe relativ hoch, allerdings werden von diesen übernommenen Inhalten lediglich 40 Prozent überarbeitet und bspw. durch internetadäquate Elemente ergänzt. (Neuberger, 2003 und Spachmann, 2003, zit. n. Arnold, 2009, S. 331f.) Für Zeitungsverleger besteht deshalb durchaus weiterer Bedarf, ihr Online-Angebot noch medienspezifischer und zielgruppenadäquater aufzubereiten und alle Möglichkeiten der Adaption auszuschöpfen.

In Anbetracht dessen stellt sich jedoch die Frage: Können die in der Gesellschaft etablierten Wertevorstellungen und Qualitätsmerkmale des klassischen, informierenden Printprodukts auch bei den informativen und zunehmend geforderten unterhaltsamen Online-Angeboten der Zeitungen aufrecht erhalten werden?

Anhand des Vergleichs eines thematisch gleichen Print- und Online-Artikels soll im Folgenden beispielhaft aufgezeigt werden, wie Zeitungen ihre Inhalte den Erwartungen der Leser und den damit verbundenen Anforderungen gerecht werden können. Auf Basis der hierdurch gewonnenen Erkenntnisse wird anschließend versucht, die bereits formulierte Frage, ob die Zeitung ihr traditionelles Wertebild auch online aufrecht erhalten kann, unter dem Gesichtspunkt der journalistischen Sorgfaltspflicht zu beantworten.

4. Fallbeispiel: Vergleich einer Print- und Online-Berichterstattung der Stuttgarter Zeitung

Anhand einer konkreten Berichterstattung der Stuttgarter Zeitung werden in diesem Kapitel die Unterschiede der Darstellung zwischen Print- und Online-Bericht verdeutlicht. Dem Vergleich liegt ein am 4. Januar 2011 in der Print-Ausgabe erschienener Artikel (Hofmann, 2011, S.8) zugrunde, welcher in der Rubrik „Aus aller Welt“ auf Seite acht über die aktuelle Lage des Hochwassers und die Überschwemmungen im australischen Queensland berichtet. Dieser wird dem am selben Tag auf der Website der Stuttgarter Zeitung publizierten Artikel in der Kategorie „Fotos & Videos“ gegenübergestellt.

4.1 Aufbau

Die Print-Ausgabe bedient sich eines klar strukturierten Layouts, welches den Artikel in die drei Bereiche Bilder, Berichterstattung und Hintergrundinformationen untergliedert. Dargestellt werden zwei Farbbilder: Eine Fotoaufnahme der Überschwemmungen mit einem sich in den Fluten befindenden Wallaby und eine physische Landkarte, welche die geografisch vom Hochwasser betroffenen Regionen skizziert. Hinsichtlich des Umfangs des Artikels umfasst die Berichterstattung mit 589 Wörtern den größten Teil des Artikels. Hintergrundinformationen werden zu nahezu gleichen Anteilen von ca. 65 Wörtern zu den Naturschönheiten, der Wirtschaft und dem Klima der betroffenen Hochwasserregion bereitgestellt.

Online wird hingegen auf Hintergrundinformationen verzichtet. Hier liegt der Fokus in der optischen Darstellung des Beitrags auf einer Fotostrecke von insgesamt 14 Fotoaufnahmen sowie einem Videobericht von 51 Sekunden Dauer, welche direkt unter der Überschrift platziert sind und mehr als die Hälfte des für den Beitrag eingeräumten Platzes einnehmen (s. Abb. 3). Die Berichterstattung selbst, welche 530 Wörter umfasst, wird dabei auf zwei Seiten aufgeteilt, wodurch der textuelle Anteil optisch weniger ins Gewicht fällt als im Falle des Print-Artikels.

Land unter in Australien

Angst vor Schlangen und Krokodilen

dpa, Fotos: dpa, veröffentlicht am 03.01.2011

Bild 5 von 35

Aktuelle Videos
Lokale Videos
Top Videos

Sydney - Die Überschwemmungskatastrophe in Australien hat die Küstenstadt Rockhampton weitgehend von der Außenwelt abgeschnitten. Am Montag überfluteten die Wassermassen des Fitzroy-Flusses wie befürchtet die Innenstadt. 150 Häuser seien bereits vollgelaufen, und bei mehreren tausend Gebäuden schwappe das Wasser bereits an die Stufen, sagte die Regierungschefin des Bundesstaates Queensland, Anna Bligh.

Weitere Artikel zum Thema

Erdbeben in Neuseeland Zahl der Todesopfer steigt auf 75 »

Neuseeland Mindestens 65 Tote bei Erdbeben »

Australien Zyklon "Yasi" fordert keine Todesopfer »

Unwetter in Brasilien Begraben unter Trümmern »

alle Artikel anzeigen »

Bligh war selbst vor Ort, um die Hilfsmaßnahmen für die 75.000 Einwohner zu koordinieren. Die Armee brachte noch Konvois mit Lebensmitteln in die Stadt, ehe auch die letzte Zufahrtstraße gesperrt werden muss. Die Stadt dürfte dann tagelang nur noch per Boot und Helikopter zu erreichen sein. Die Regierungschefin sprach im Rundfunk von einem Desaster nie dagewesenen Ausmaßes. Queensland sei als tropischer Bundesstaat Überschwemmungen gewohnt. Es sei aber noch nie passiert, dass alle Flüsse gleichzeitig Hochwasser führten. Das Überschwemmungsgebiet ist so groß wie Deutschland und Frankreich zusammen. Die Region ist aber dünn besiedelt: Viele Viehstationen liegen im Outback oft mehr als 100 Kilometer von der nächsten Stadt entfernt. Rund 200.000 Menschen sind insgesamt von der Katastrophe betroffen. Drei Menschen ertranken seit dem Wochenende. Höhere Opferzahlen einzelner Medien bezogen sich auf längere Zeiträume.

Bilder durchklicken

Unterdessen wurden am Montag vier deutsche Touristen aus einem Fluss voller Krokodile gerettet. Die vier wollten trotz Warnungen im Kakadu-Nationalpark bei Darwin über eine überschwemmte Straße fahren, die bei Niedrigwasser über den Magela-Fluss führt, wie die Polizei berichtete. Sie blieben in der Mitte stecken, weil ihr Motor ausfiel, und flüchteten sich erschrocken auf das Wagendach. Es dauerte 30 Minuten, bis die Polizei sie in Sicherheit gebracht hatte.

Premierministerin Julia Gillard versprach den Opfern, die Felder und Häuser verloren haben, Zuschüsse und zinsgünstige Darlehen. "Dies ist eine große Naturkatastrophe, und es wird eine ganze Weile dauern, bis wir uns davon erholt haben", sagte sie. "Die Aufräumarbeiten dürften drei bis sechs Monate dauern", sagte der Katastrophenkoordinator Ian Stewart im Rundfunk. Eine neue Sturmwarnung wurde am Montagabend aufgehoben. Das Wettersystem schwächte sich im Laufe des Tages ab.

Abbildung 3: Seite 1 und 2 des Online-Artikels (Stuttgarter Zeitung, 2011)

4.2 Inhalt

Inhaltlich folgt der Print-Artikel einem strukturierten und chronologischen Aufbau. Der Beschreibung der augenblicklichen Situation schließt sich die sehr nüchtern gehaltene Gefahrenbeschreibung durch Schlangen und Spinnen an. Anschließend wird auf die aktuelle Lage speziell in Rockhampton eingegangen. Den Abschluss der Berichterstattung bilden Hintergrundinformationen zur allgemeinen Wetterlage in der Region sowie ein Ausblick auf die Wettervorhersage der nahen Zukunft.

Ein derartig strukturierter Aufbau ist im Falle des Online-Beitrages nicht zu erkennen. Die insgesamt sieben Abschnitte bilden hier vielmehr in sich geschlossene Berichte, welche in ihrer Gesamtheit keinen chronologischen Aufbau erkennen lassen. So berichten die ersten beiden Abschnitte jeweils von der aktuellen Lage in Rockhampton sowie der Versorgung der Bevölkerung. Im dritten Abschnitt wird der Kontext der allgemeinen Berichterstattung verlassen und vom persönlichen Schicksal von vier deutschen Touristen berichtet, welche vor Krokodilen gerettet wurden. Anschließend wird wieder die Gesamtsituation beschrieben, wobei der Fokus auf der Darstellung der örtlichen Problematik für die Einwohner des Landes liegt. Inhaltlich ist im Falle der Online-Berichterstattung somit insgesamt eine stärkere Ausrichtung an den Einzelschicksalen der von der Flut betroffenen Menschen zu beobachten.

4.3 Multimediale Elemente

Die Fokussierung der Einzelschicksale zeigt sich auch in einer genaueren Analyse der 14 Bilder der dargestellten Fotostrecke. Auf insgesamt acht der Bilder sind Menschen zu sehen, welche sich in den Fluten befinden. Zwei der Bilder zeigen unter Wasser stehende Wohnhäuser, lediglich auf vier Bildern sind großflächige Landschaftsaufnahmen der überschwemmten Gebiete zu sehen. Auf eine geografische Abbildung der überfluteten Regionen, wie im Falle des Print-Artikels, wird indessen vollständig verzichtet. Auch das eingebundene Video von 51 Sekunden widmet sich in erster Linie den Auswirkungen der Fluten auf die betroffenen Menschen. Zu je der Hälfte der Videolaufzeit sind hier Landschaftsaufnahmen und verwüstete Wohnhäuser zu sehen, der Hintergrundkommentar widmet sich in erster Linie den menschlichen Schicksalen. Neben der anschaulichen Beschreibung der aktuellen Situation in den Hochwasserregionen werden hier multimediale Inhalte somit auch zur Überlieferung emotionaler Aspekte eingesetzt, welche in der sachlich nüchternen Berichterstattung der Print-Ausgabe so nicht vermittelbar sind.

Die redaktionelle Aufbereitung der Berichterstattung genügt in beiden Fällen, sowohl Print als auch Online, den journalistischen und publizistischen Qualitätsansprüchen. Insgesamt wirkt die Online-Beschreibung der Situation dramatischer, was sich sprachlich auch im Vergleich beider Überschriften widerspiegelt. Während die Print-Ausgabe die Aussage ‚Rockhampton geht in den Fluten unter‘ als Titel heranzieht, wird der Online-Beitrag weitaus dramatischer mit ‚Angst vor Schlangen und Krokodilen‘ tituliert.

Zusammenfassend lässt sich feststellen, dass der Online-Artikel des untersuchten Fallbeispiels den Erwartungen der Nutzer an Online-Inhalte gerecht zu werden versucht. Dies zeigt sich sowohl in der Ausschöpfung der multimedialen Möglichkeiten des Internets, als auch in der - verglichen mit der Print-Variante - kürzer gefassten, textuellen Berichterstattung, welche das Bedürfnis der schnellen und kompakten Informationsbeschaffung im Netz befriedigt. Die zudem wahrnehmbare Akzentuierung emotionaler Aspekte der Online-Berichterstattung erzeugt den subjektiven Eindruck einer Verschiebung von der Information hin zur Unterhaltung.

5. *Fazit*

Die Anpassung der Online-Inhalte an die Bedürfnisse und Erwartungen der Online-Leser ist für den Erfolg im Netz unumgänglich. Auch die Zeitung, insbesondere die Tageszeitung, als einst klassisches Printprodukt reagiert hier in der Adaption ihrer Online-Ausgabe an die technischen Möglichkeiten des neuen Mediums Internet. So bereichern insbesondere die im Zuge zunehmender Bandbreiten steigenden, multimedialen Inhalte auch das Angebot der Online-Zeitungen. Wie anhand des hier selektierten Fallbeispiels verdeutlicht wird, ist dadurch eine subjektive Verschiebung von der Information hin zur Unterhaltung zu verzeichnen. Objektiv betrachtet ist indessen festzustellen, dass die journalistische Qualität der Online-Variante des betrachteten Fallbeispiels durch die Einbeziehung multimedialer Inhalte nicht beeinträchtigt wird. Bild und Ton sind somit lediglich als eine vom Online-Leser gewünschte Ergänzung bzw. als Mehrwert zur traditionellen Berichterstattung anzusehen. Ferner ist hier festzustellen, dass der Einsatz multimedialer Elemente keinen Widerspruch zu einer qualitativ hochwertigen Berichterstattung darstellt.

Dies unterstreichen auch van Eimeren und Frees noch einmal mit ihrer Aussage, dass die Stärken der Zeitung online, ebenso wie beim Printprodukt, „nicht nur im Gewohnheits- und Vertrauensprinzip, sondern auch in der professionellen Vorselektion und Aufbereitung“ liegen (van Eimeren & Frees, 2009, S. 348).

Das Beispiel zeigt also idealtypisch, dass Zeitungen durch die für das Internet optimierten Inhalte keineswegs ihre Kernkompetenzen wie Qualität und journalistische Sorgfaltspflicht verlieren, sondern weiterhin die ihr aus Lesersicht zugeschriebenen Werte aufrechterhalten können. Die Anpassung der Online-Inhalte an das Medium Internet mit all seinen technischen Möglichkeiten, dem daraus resultierenden Nutzerverhalten und den Nutzungsmotiven kann deshalb positiv gewertet und gleichzeitig sogar als Rückkehr zu dem angesehen werden, was eine Zeitung früher war: eine Nachricht. (Frank, 2010, S. 37)

Im Hinblick auf die große Online-Konkurrenz im Informationsbereich sollten Zeitungsverlage deshalb „ihr Kernangebot […] verbessern, offensiv auf die besonderen Stärken des Mediums Zeitung […] setzen und die journalistische Qualität […] erhalten […]“ (Arnold, 2009, S. 248) um weiterhin hochwertige Inhalte bereitstellen zu können. Dann wird die Zeitung auch in Zukunft ihren Platz im Medienumfeld und ihren Stellenwert in der Gesellschaft behaupten können.

Literatur- und Quellenverzeichnis

Arnold, K. (2009): Qualitätsjournalismus. Die Zeitung und ihr Publikum. Konstanz: UVK

Bundesverband Deutscher Zeitungsverleger (BDVZ) (2012a): Immer, überall, jederzeit – Deutschland liest Zeitung. http://www.bdzv.de/markttrends-und-daten/reichweiten/artikel/detail/immer_ueberall_jederzeit_deutschland_liest_zeitung/, Zugriff am 12.01.2013

Bundesverband Deutscher Zeitungsverleger (BDZV) (2012b): Entwicklung der Onlineangebote der Zeitungen in Deutschland. http://www.bdzv.de/markttrends-und-daten/wirtschaftliche-lage/schaubilder/artikel/-8937743f67/9434/, Zugriff am 10.01.2013

Burkhardt, S. (Hrsg.) (2009): Praktischer Journalismus. München: Oldenbourg Wissenschaftsverlag

Deutscher Presserat (2008): Der Pressekodex. http://www.presserat.info/inhalt/der-pressekodex/pressekodex.html. Zugriff am 29.12.2010

Frank, A. (2010): Lokale Berichterstattung – online und on demand. Tiefgreifende Veränderungen in der Mediennutzung erfordern neue Angebote. In: Friedrichsen, M. (Hrsg.): Medienzukunft und regionale Zeitungen. Reihe Praxisforum Medienmanagement, Bd. 14. Baden-Baden: Nomos. S. 35-38

Friedrichsen, M. (2010): Gedruckt oder nicht gedruckt – Ist das die Frage? Zeitungen im Umbruch. In: Friedrichsen, M. (Hrsg.): Medienzukunft und regionale Zeitungen. Reihe Praxisforum Medienmanagement, Bd. 14. Baden-Baden: Nomos. S. 11-33

Fuhrmann, H.-J.; Kansky, H. (2007): Entwicklungen im Online-Markt der Zeitungen. http://www.bdzv.de/zeitungslandschaft.html, Zugriff am 29.01.2011

Heuer, D. (2010): Junge Erwachsene und ihre regionale Tageszeitung. Was Leserinnen und Leser zwischen 20 und 29 Jahren (noch) mit dem Printmedium verbindet. In: Friedrichsen, M. (Hrsg.): Medienzukunft und regionale Zeitungen. Reihe Praxisforum Medienmanagement, Bd. 14. Baden-Baden: Nomos. S. 75-96

Hofmann, A. (2011): Rockhampton geht in den Fluten unter. Artikel in der Stuttgarter Zeitung, 67. Jg. (2), 04.01.2011, S. 8

IVW/BDZV (2010): Auflagenentwicklung der Zeitungen und Zeitschriften 1990 – 2010. http://www.bdzv.de/schaubilder+M51545d619ab.html, Zugriff am 28.01.2011

Lampret, N. (2007): Die Zukunft der Zeitung – Grundlagen, Strategieansätze, Perspektiven. Saarbrücken: VDM

Lehari jr., V. (2010): Gedanken zur Zukunft der Zeitung. In: Friedrichsen, M. (Hrsg.): Medienzukunft und regionale Zeitungen. Reihe Praxisforum Medienmanagement, Bd. 14. Baden-Baden: Nomos. S. 111-138

Müller von Blumencron, M. (2008): Nachrichten online – ein Haus auf Treibsand errichten. In: Mast, C. (Hrsg): ABC des Journalismus. Ein Handbuch. Konstanz. S. 631-635

Oehmichen, E.; Schröter, C. (2010): Alltagswirklichkeit der Onlinenutzung. In: MediaPerspektiven 10/2010. S. 457-470.

Oehmichen, E.; Schröter, C. (2009): Zur Differenzierung des Medienhandelns der jungen Generation. In: MediaPerspektiven 8/2009. S. 432-450.

Pasquay, A. (2012): Zur wirtschaftlichen Lage der Zeitungen in Deutschland 2012. http://www.bdzv.de/markttrends-und-daten/wirtschaftliche-lage/artikel/detail/zur_wirtschaftlichen_lage_der_zeitungen_in_deutschland_2011-1/, Zugriff 10.01.2013

Pasquay, A. (2010): Die deutsche Zeitungslandschaft – Entwicklungen und Perspektiven. http://www.bdzv.de/fileadmin/bdzv_hauptseite/markttrends_daten/wirtschaftliche_lage/2010/assets/3_Pasquay_Zeitungslandschaft_mAbb.pdf, Zugriff am 08.01.2011

Pürer, H.; Raabe, J. (2007): Presse in Deutschland. 3. Aufl., Konstanz: UVK

Rager, G. (1999): Wie verändern die neuen Techniken die Tageszeitungen? Skizze einer Entwicklung – Ein Gruß von Zeitungsliebhaber zu Zeitungsliebhaber. In: Schäfer U.P.; Schiller, T.; Schütte, G. (Hrsg.): Journalismus in Theorie und Praxis. Konstanz. S. 135-144

Ridder, C.-M.; Engel, B. (2010): Massenkommunikation 2010: Funktionen und Images der Medien im Vergleich. In: MediaPerspektiven 11/2010. S. 537-548

Stuttgarter Zeitung (2011): Land unter in Australien. Angst vor Schlangen und Krokodilen. Onlineartikel vom 03.01.2011, http://www.stuttgarter-zeitung.de/inhalt.land-unter-in-australien-angst-vor-schlangen-und-krokodilen.7136af64-06e4-41ee-a10d-06957b706407.html, Zugriff am 04.01.2011

Theile, J. (2009): Darstellungsformen in den neuen Medien. In: Burkhardt, Dr. S. (Hrsg.): Praktischer Journalismus. München: Oldenbourg. S. 259-271

van Eimeren, B.; Frees, B. (2010): Bewegtbild im Web – Multioptional im digitalen Zeitalter. In: MediaPerspektiven 7-8/2010. S. 350-358.

van Eimeren, B.; Frees, B. (2009): Der Internetnutzer 2009 – multimedial und total vernetzt? In: MediaPerspektiven 7/2009. S. 334-348.

van Eimeren, B.; Frees, B. (2008): Bewegtbildnutzung im Internet. In: MediaPerspektiven 7/2008. S. 350-355.

Wirtz, B.W. (2009): Medien- und Internetmanagement. 6. Aufl., Wiesbaden: Gabler

ZMG Zeitungs Marketing Gesellschaft (2010): Studie „Zeitungen Online 2008". http://www.die-zeitungen.de/print-online/studien.html, Zugriff am 02.02.2011

Social Media bei Tageszeitungen

Marco Jakob, Kai Erik Trost**

1. Überblick

Seit Jahren sinkende Zeitungsauflagen führen dazu, dass Verlage gefordert werden, neue Verbreitungswege für Ihre Angebote zu finden (Röper, 2010). Der Bundesverband Deutscher Zeitungsverleger sieht Social Media sowie die mobile Nutzung von Nachrichten als solche Wege (Kansky, 2010). Social Media hat sich zu einem Massenmedium entwickelt, welches mittlerweile von einer Vielzahl an (deutschen) Verlagen eingesetzt wird. (Elliott, 2010).

Neben der breiten gesellschaftlichen Akzeptanz, die Social Media Anwendungen erfahren, hat Social Media auch für Presseverlage eine hohe Relevanz. Nach einer Untersuchung des BDZV setzten 2010 64% der Verlage "Social Media-Anwendungen" ein, lediglich 17% waren im Social Network Facebook vertreten (Schmid, 2010). Dennoch spielen bei Massenmedien die sozialen Medien, wie sich der Begriff Social Media in die deutsche Sprache übertragen lässt, eine zunehmend größere Rolle (Kansky, 2010; Rölver & Alpar, 2008).

Als Social Media werden gemeinhin Anwendungen und Plattformen im Internet bezeichnet, welche den Austausch zwischen verschiedenen Akteuren fördern.

Inwiefern ausgewählte Tageszeitungen Social Media umsetzen und betreiben, wird dieser Beitrag untersuchen. Dabei wird insbesondere ein Blick darauf geworfen, wie Tageszeitungen mit ihren Inhalten umgehen, wie sie diese verbreiten und ob dadurch Schlussfolgerungen auf eine Zielgruppenansprache gezogen werden können.

* Mitarbeiter im Studiengang Online-Medien-Management der Hochschule der Medien, Stuttgart

2. Zielsetzung und zu untersuchende Fragestellungen

Im Rahmen dieses Beitrags werden die Online-Auftritte der folgenden deutschen Tageszeitungen auf dem Online Social Network Facebook in Bezug auf ihren inhaltlichen Fokus sowie Präsentationsformen untersucht:

- Frankfurter Allgemeine Zeitung (FAZ)
- Westdeutsche Allgemeine Zeitung (WAZ)
- Süddeutsche Zeitung (SZ)
- Handelsblatt

Die drei Tageszeitungen (FAZ, WAZ, SZ) wurden ausgewählt, da sie zu den auflagenstärksten Tageszeitungen Deutschlands zählen, bereits über etablierte Online-Auftritte verfügen und in Facebook präsent sind. Diese Kriterien treffen auch auf das Handelsblatt zu, wenngleich es sich hierbei um eine Wirtschaftstageszeitung handelt. Das Handelsblatt wurde ausgewählt, da vermutet wurde, dass sich die Ergebnisse von denen der anderen untersuchten Tageszeitungen unterscheiden. Für die Auswahl der untersuchten Medien war weiterhin die zum Zeitpunkt der Untersuchung vergleichsweise hohe Anzahl der Facebook-"Fans" und der somit gegebenen Datenbasis ein Kriterium.
Die folgende Aufstellung liefert einen kurzen Überblick über die unterschiedlichen Tageszeitungen sowie deren Facebook-Auftritte.

Tabelle 1: Überblick der Tageszeitungen

	Frankfurter Allgemeine Zeitung	Westdeutsche Allgemeine Zeitung	Süddeutsche Zeitung	Handelsblatt
Verlags-gesellschaft:	Fazit-Stiftung	Zeitungsverlag Ruhrgebiet	Süddeutscher Verlag	Verlagsgruppe Handelsblatt
Kategorie:	Tageszeitung	Tageszeitung	Tageszeitung	Wirtschafts-Tageszeitung
Printauflage:	364.243	121.593	465.055	136.920
URL:	www.facebook.com/faz	www.facebook.com/DerWesten	www.facebook.com/sueddeutsche	www.facebook.com/handelsblatt
Facebook-Fans:	4.148	2.026	11.888	2.606

Quellen: DerWesten, 2010; FAZ.NET - Frankfurter Allgemeine Zeitung, 2010; Handelsblatt, 2010; MEEDIA, 2010; sueddeutsche.de, 2010. Stand: 10.07.2010

Als täglich erscheinende Printmedien bieten Tageszeitungen eine umfassende Berichterstattung im General-Interest-Bereich, welche sich an ein weitreichendes und umfassendes Publikum richtet. Im Printbereich setzen sich Tageszeitungen aus verschiedenen Themenkategorien wie dem Politik-, Feuilleton- oder Wirtschaftsteil zusammen. Doch wie sind die Online-Auftritte von Tageszeitung thematisch gegliedert und haben einzelne Tageszeitungen einen anderen inhaltlichen Fokus?

Das World Wide Web ermöglicht es, neben Texten auch dynamische Inhalte wie Bilder, Audio und Video darzustellen. Bezogen auf die Informationsvermittlung stellt sich die Frage, inwieweit diese von den untersuchten Tageszeitungen verwendet und in Anspruch genommen werden. Außerdem ist zu klären, ob, und wenn ja in welcher Form, Nutzer diese Formate konsumieren bzw. präferieren und sich dies auf deren Bereitschaft zur Partizipation und Kommentierung der Artikel auswirkt.

Eine weitere Fragestellung ergibt sich in Bezug auf die Präsentationsformate, welche für die verschiedenen inhaltlichen Kategorien eingesetzt werden. Bietet sich für ein bestimmtes Themenfeld ein konkretes Präsentationsformat an, um die Nutzer zufriedenstellen zu können?

Das Kommunikationsmedium Internet bietet insbesondere durch dessen "Ausprägung" Social Media vielseitige Möglichkeiten, große Nutzergruppen anzusprechen und für das eigene Webangebot zu gewinnen. Als weitere Fragestellung soll daher geklärt werden, auf welche Ziele die Beiträge des Facebook-Auftritts verweisen – auf die Website der Tageszeitung, auf eine externe Website oder auf Social Media Präsenzen wie Weblogs.

Im Rahmen dieser Arbeit wird zunächst eine Betrachtung der Begriffe Social Media sowie Online Social Networks (OSN), im Speziellen Facebook, vorgenommen. Für die darauffolgende Untersuchung wurden fünf Fragestellungen identifiziert, die näher betrachtet und beschrieben werden.
Danach wird auf die Vorgehensweise bei der Beantwortung der Ausgangsfragen eingegangen. Dieser Schritt soll verdeutlichen, warum die Untersuchung der Online-Auftritte der Tageszeitungen auf diese Art und Weise erfolgte und welche Kennzahlen und Indikatoren für die Beantwortung der Fragen definiert wurden.
Des Weiteren erfolgt die Beschreibung eigens definierter Themencluster, die als Ausgangspunkt der Datenerhebung dienen. Danach werden die Ergebnisse der Erhebung dargestellt und erläutert. Nacheinander werden die fünf Ausgangsfragen bewertet. Abschließend wird ein Fazit gezogen und die Ergebnisse der Erhebung diskutiert.

2.1 Social Media

Social Media ist ein in der Presse und Wissenschaft vieldiskutiertes Thema. Eine umfassende Definition existiert bislang jedoch nicht. Ein Grund dafür ist die Vielfältigkeit des Themas: Social Media bezeichnet Aktivitäten (wie Bloggen), Software bzw. Websites und Plattformen (bspw. Social Networks wie Facebook) (Newman, 2009, S. 7). So sprechen Hogan & Quan-Haase bei Social Media von einem »moving Target« und Newman stellt fest: »Social media is also constantly mutating and evolving« (Newman, 2009).

Der Begriff Social Media ist verwandt mit weiteren »Social«-Begriffen wie *Social Web* und *Social Software* – diese Begriffe haben gemein, dass das Web 2.0 als deren Grundlage gesehen wird und sie eine »soziale Komponente« beinhalten (Schmidt, 2009, S. 21). Diese »soziale Komponente« drückt sich dadurch aus, dass nicht nur die Austauschprozesse zwischen Nutzern, sondern auch die Beziehungen und Netzwerke der Nutzer als Bestandteil der »Social«-Konzepte gesehen werden (Tang & Liu, 2011, S.2). Eine trennscharfe Zuordnung zu einem der o.g. Begriffe fällt aber oftmals schwer; Überschneidungen zwischen den in die Konzepte eingeordneten Angeboten lassen sich oftmals nicht vermeiden. Schmidt (2009, S. 22) spricht hier von »Hybrid-Angeboten«. So können Soziale Netzwerke sowohl als Software gesehen werden, als Bestandteil des Social Web aber auch als Social Media Plattform.

Als Grundvoraussetzung für Social Media sehen Gilbert & Karahalios in Ihrer Definition beispielsweise Beziehungen zwischen Nutzern: »Relationships make social media *social*« (Gilbert & Karahalios, 2009). Hogan und Quan-Haase

(2010, S. 309) identifizieren vier wiederkehrende Charakteristika, die für Social Media Anwendungen zutreffen:

- Strong, intimate social relationships online tend to be also strong, intimate social relationships offline
- People who tend to communicate more online also tend to do so offline
- The distribution of contacts will always be skewed with few friends being close and the majority being weak
- There will be a gap between what users say they do and what they actually do as the investigation of privacy concerns on social network sites has shown

Kaplan und Haenlein sehen in ihrer Definition die Erstellung von User Generated Content (UGC)[13] als einen Teil von Social Media: "Social Media is a group of Internet-based applications that build on the ideological and technological foundations of Web 2.0, and that allow the creation and exchange of User Generated Content" (Kaplan & Haenlein, 2010, S. 61)

Nach der Definition von Vickery & Wunsch-Vincent grenzt sich UGC dadurch von anderen, professionell von Autoren und Journalisten erstellten Inhalten ab, dass er von den Nutzern selbst erstellt wird. Er entspringt einer kreativen Anstrengung und wird außerhalb eines professionellen Umfelds kreiert. Dies schließt einen professionellen Hintergrund des Erstellers aber nicht aus. Wichtig ist die Publizität der erstellten Inhalte in öffentlich zugänglicher Art und Weise, weshalb 1:1 Kommunikation wie Instant Messaging und E-Mails nicht zu UGC gezählt werden (Vickery & Wunsch-Vincent, 2007). Im Falle von Social Media lassen sich darunter die von Nutzern beigetragenen Inhalte der Medienangebote, die über Social Media Anwendungen verbreitet werden, verstehen. User-generated sind dabei die Beiträge der Nutzer. Die primäre Kommunikation der Nutzer in Social Media Anwendungen besteht in der Regel im Austausch untereinander. Dazu zählt insbesondere das Social Network Facebook, das im folgenden Absatz betrachtet wird.

2.2. Soziale Netzwerke und Tageszeitungen

Soziale Netzwerke, oder Social Network Services (SNS) (Richter & Koch, 2008) sind keine neue Erscheinung im Internet. Boyd und Ellison sehen den ersten SNS bereits 1997, die Entwicklung hin zu den SNS mit den heute üblichen Funktio-

13 Vickery & Wunsch-Vincent sprechen von User Created Content. Dieser Begriff ist synonym zu dem hier verwendeten und üblicheren Begriff des User Generated Content zu sehen.

nen begann ab 2003 (Boyd & Ellison, 2008, S. 214). Von einem dominierenden Angebot kann bislang nicht die Rede sein, da der Markt der SNS zu einem gewissen Grad nach Interessen, aber vor allem auch geographisch fragmentiert ist. Es haben sich jedoch verschiedene SNS-Angebote eine umfangreiche Nutzerbasis erarbeitet, wenn auch der Großteil der Nutzer in mehreren Netzwerken Mitglied ist. Insbesondere die jüngere Generation der »Digital Natives« ist in der Mehrheit in zwei oder mehr Netzwerken Mitglied (Franz, 2010, S.405). Der SNS mit der weitesten Verbreitung ist derzeit Facebook, das im August 2010 die Zahl von 500 Millionen Nutzern überschritten hat (Ostrow, 2010). Der Aufstieg von Facebook begann 2006, als das Angebot für Nutzer außerhalb der Universität Harvard zugänglich gemacht wurde. In den vergangenen Jahren gelang es Facebook seine Nutzerzahl kontinuierlich zu steigern. Zur gleichen Zeit startete in Deutschland und später in ausgewählten europäischen Ländern das SNS studiVZ, das zunächst nur für Studierende, mit den Angeboten schuelerVZ und meinVZ auch andere Gruppen ansprach (Richter & Koch, 2008). Das SNS XING spricht Berufstätige an und sieht sich selbst als Business-Netzwerk, führte aber nach und nach mit Facebook vergleichbare Anwendungen ein.

Zu den Grundfunktionen von SNS zählt neben der Nutzerzentrierung (Mislove et al. 2007; Richter & Koch, 2008) unter anderem das »Teilen« von Links und Kommentaren, die andere Nutzer dann auf ihrer Seite dargestellt bekommen. Diese Funktion stellt einen der Hauptverbreitungswege von Nachrichten innerhalb des SNS dar. Beispielsweiße stellt Facebook Möglichkeiten bereit, Beiträge direkt von Websites, die nicht zu dem Facebook-Angebot gehören, in Facebook zu posten. (vgl. Abbildung 17) Zu den Grundfunktionen von Facebook zählt weiterhin die Möglichkeit sämtliche Posts (d.h. Kommentare, Bilder, Links, Videos) anderer Mitglieder des SNS zu kommentieren, sofern diese dies in Ihren Privatsphäre-Einstellungen erlauben. Dies ist auch bei Links möglich, die von Facebook mit einer kurzen Inhaltsübersicht »angeteasert« werden.

Abbildung 17 - Weiterleitung Artikel
Quelle: eigener Screenshot

Mit der Teilnahme an Social Media besteht für eine Tageszeitung die Möglichkeit an dieser Konversation teilzunehmen. Die Inhalte der Anbieter sind oftmals bereits Gegenstand der Konversation der Nutzer. Die Verbreitung von Nachrichten über Social Media hat bereits bemerkenswerte Ausmaße angenommen: So wurden bei CNN 43% der von Nutzern weitergeleiteten Artikel über Social Media wie beispielsweise Facebook und dem Microblogging-Dienst Twitter versandt (CNN, 2010). Einer Erhebung eines Dienstleisters für Sharing-Widgets zufolge machten Social Media bereits im Jahr 2009 über 40% der Weiterleitungen von Links aus (Ostrow, 2009). Sämtliche für diesen Beitrag untersuchten Tageszeitungen bieten auf Ihrer Website die Option an, Artikel und Links über o.g. Dienste weiterzuleiten.

Mit einer eigenen Social Media Präsenz ergibt sich für Zeitungsverlage die Chance, aktiv am Geschehen teilzunehmen. Social Media lässt sich jedoch nicht nur zum Erzielen einer größeren, qualitativeren Reichweite einsetzen. Die o.g. Kommunikationswerkzeuge in SNS ermöglichen eine direktere und unmittelbare Art der Kommunikation mit dem Leser.

Im Gegensatz zum klassischen Printmedium, dem eine lineare und auf Text- und Bildinhalte beschränkte Kommunikation zugrunde liegt, bieten Social Media die Möglichkeiten des Internet, und im engeren Sinne des Web 2.0: Nutzer können Kommentare erstellen, Inhalte bewerten oder über diese mit anderen Interessierten diskutieren. Dies sind Funktionen, die klassische Printmedien nicht übernehmen können oder den klassischen Rückkanälen, wie bspw. dem Leserbrief, überlegen sind.

Social Media-Anwendungen ermöglichen es den Nutzern online mediale Inhalte zu konsumieren, eigenen Content zu erstellen und miteinander zu kommunizieren. Verschiedene Social Media-Anwendungen bieten vielfältige Möglichkeiten für klassische Massenmedien, Inhalte für den Nutzer zu personalisieren, diesen in den Herstellungsprozess zu integrieren und die Inhalte individuell auf dessen Wünsche und Bedürfnisse abzustimmen. Zusätzlich zu den o.g. Möglichkeiten, die Social Media-Angebote der eigenen Website bietet, stellen Social Media zunehmend ernstzunehmende Verbreitungswege für Inhalte dar. Innerhalb dieser Anwendungen der Social Media findet auch die Diskussion unter den Nutzern statt.

Inwieweit Tageszeitungen diese Social Media Potenziale überhaupt nutzen und wo die Präferenzen der Nutzer in Bezug auf inhaltliche Themen und Formate liegen, wird im Rahmen der folgenden Abschnitte analysiert. Untersucht wurden die Social Media Aktivitäten verschiedener überregionaler Zeitungsangebote in dem Sozialen Netzwerk Facebook.

3. Vorgehensweise

3.1 Vorbereitung sowie Aufstellung der Kennzahlen und Indikatoren

Um die oben aufgeführten Fragestellungen beantworten zu können, wurde eine einheitliche und durchgängige Vorgehensweise für die Bewertung der einzelnen Tageszeitung festgelegt. Für jede der insgesamt fünf Fragestellungen wurden repräsentative Kennzahlen und Indikatoren definiert:

F1 Welchen inhaltlichen Fokus haben die Facebook-Auftritte der Tageszeitungen?
Um den inhaltlichen Fokus der Facebook-Auftritte der Tageszeitungen beurteilen und bewerten zu können, werden verschiedene Themenfelder (Inhaltscluster, bzw. Cluster) aufgestellt und inhaltlich zueinander abgegrenzt (vgl. Abschnitt 3.2).

F2 Inwieweit unterscheiden sich diese von der Printausgabe?
Um die Facebook-Auftritte inhaltlich mit denen der Printausgabe vergleichen zu können, werden die Inhaltscluster ebenfalls für die Printausgabe angewandt.

F3 Mit welchen Präsentationsmedien werden die Inhalte dargestellt?

Im Rahmen der empirischen Untersuchung der Facebook-Auftritte wird ausgewertet, welche Präsentationsformen (Text, Bild, Video, Audio) jeweils angewandt wurden.

F4 Welche Inhalte sind für die Nutzer von besonderem Interesse?
Um bewerten zu können, welche Bedeutung oder Relevanz einzelne Themenfelder in Bezug auf die Präferenzen der Nutzer haben, werden sowohl auf der Facebook-Plattform als auch auf der Website des Verlags die zu dem Artikel zugehörigen Kommentare gezählt.

F5 Wohin werden Inhalte verlinkt?
Als Kennzahl für diese Fragestellung dient der Link auf der Facebook-Plattform. Es wird zwischen (Verlags-) Websites, Blogs, Audio/Video-Inhalten und externer Websites unterschieden.

3.2 Systematisierung des Inhalts: Cluster und Clusterbeschreibungen

Die Definition der Cluster/Rubriken wurde nicht anhand der Printausgaben oder der Online-Auftritten der Zeitungen beschrieben, sondern speziell an das Social Media-Angebot angepasst. Diese Neueinteilung der Inhalte erfolgte in sieben Kategorien, welche sich an den Ressorts der Printausgaben orientieren.

Gesellschaft & Kultur

Die Rubrik »Gesellschaft und Kultur« umfasst zusätzlich zu den Themen Gesellschaft und Kultur weitere Inhalte wie das Feuilleton, Boulevard-Themen, Kunst, Freizeit, Reisen, Leben, Auto sowie das Panorama. Da die Zielgruppe bei Facebook eher allgemein ist, sind alle oben erwähnten Themen für die Kategorie Gesellschaft relevant.

Politik

Der Cluster beschreibt sowohl regionale als auch überregionale politische Themen, wie z.B. Bürgermeisterwahlen oder EU-Konferenzen. Auf die Trennung von regionalen und überregionalen oder globalen Inhalten wird verzichtet, da auf einer überregionalen Plattform wie Facebook keine regionalen Themen, wie z.B. amtliche Bekanntmachungen, zu finden sind – außer es betrifft Metropolen, wobei die Nachricht dann zu globalen Inhalten gezählt werden kann.

Wirtschaft & Finanzen

Diese Rubrik umfasst regionale und globale Wirtschaftsthemen, z.B. Finanzhilfen für Griechenland, aber auch Börsennachrichten und Aktienkurse.

Medien

Hierunter werden Themen rund um traditionelle sowie neue Medien zusammengefasst, bspw. Neuerscheinungen wie das Apple iPad. Im Kommunikationszeitalter ist diese Rubrik unabdingbar, da hier ein wesentlicher Kommunikationsbedarf, bspw. hinsichtlich der Qualität neuer Produkte, besteht.

Sport

Die Kategorie »Sport« umfasst alle Sportarten (Fußball, Motorsport, aber auch Schach, etc.) sowie Meldungen über Sportler (bspw. Verletzungen, Ausfälle, Doping). Da die Sportthemen weltweit diskutiert werden, ist diese Rubrik notwendig.

Umwelt & Wetter

Hier werden tägliche Wetterberichte, Naturereignisse, Umwelt- und Naturkatastrophen, Aktionen von Umweltaktivisten etc. beschrieben. Diese Rubrik ist bedeutend, da Umweltthemen und das tägliche Wetter stets Themen bei sozialen Medien sind.

Wissenschaft & Technik

Der Cluster Wissenschaft & Technik umfasst u.A. Forschungs- und Entwicklungsberichte, Hochschulprojekte und technische Innovationen. Diese Rubrik wurde aufgrund des beinahe täglichen Fortschrittes in Forschung und Entwicklung definiert.

Diese Cluster wurden sowohl für den Online-Auftritt als auch für die Printausgaben der Tageszeitungen angewandt. Sie sollen eine Vergleichbarkeit von Online-Auftritten und Printausgaben gewährleisten und eine statistische Auswertung ermöglichen.

3.3 Datenerhebung: Die Auswertung der Facebook-Präsenzen

Es wurden jeweils die 100 zuletzt publizierten Artikel (Stichtag 29. April 2010) des Facebook-Auftritts der entsprechenden Tageszeitungen untersucht.

Zunächst wurde jeder Artikel auf Facebook seinem inhaltlichen Schwerpunkt zufolge einem der Cluster zugeordnet. Im nächsten Schritt wurde ermittelt, wohin Inhalte verlinkt wurden: entweder auf die Website der Tageszeitung, auf Audio oder Video-Dateien, auf ein Blog oder auf eine externe Website. Ferner wurde die Anzahl der Kommentare und Bewertungen zu den Facebook-Artikeln erhoben und dokumentiert. Kommentare auf der Website der Tageszeitung wurden ebenfalls gezählt, sofern auf diese verlinkt wurde.[14]

14 In einen Fall wurde nicht auf die Website der Zeitung verlinkt, sondern auf ein Photoblog der Zeitung (http://blogs.sueddeutsche.de/elefantimraum/), das über keine Kommentar-

Nutzer konnten demzufolge keine Kommentare zu den einzelnen Artikeln abgeben. Daraus resultiert, dass die Erhebung der Anzahl an Kommentaren auf verlinkte Websites, Blogs usw. nicht vollständig untersucht werden konnte.

Abschließend wurden die Artikel hinsichtlich der Präsentationsform (Text, Bild, Audio, Video) untersucht.

3.4 Datenerhebung: Die Auswertung der Printmedien

Die Tageszeitungen FAZ, WAZ, SZ und Handelsblatt wurden analog zur Vorgehensweise bei den Facebook-Auftritten bezüglich ihrer Inhalte untersucht. Dabei wurde jeder Artikel der Printausgabe entsprechend seinem inhaltlichen Schwerpunkt einem der Cluster zugeordnet. Da Artikel in der Printausgabe weder kommentiert[15] noch bewertet werden können, entfallen diese Schritte hierbei.

3.5 Statistische Auswertung und grafische Aufbereitung der Ergebnisse

Die statistische Auswertung für jede Zeitung wurde mittels Microsoft Excel durchgeführt. Sowohl Kommentare und Bewertungen auf Facebook, als auch Kommentare auf der Website der Zeitung wurden dabei aufgenommen und zusammengezählt. Außerdem wurde die Nutzungshäufigkeit von Text, Bild, Audio- und Videoclips in Artikeln auf der Verlags-Website nach dem gleichen Prinzip ermittelt. Die Anzahl der Artikel zu den Rubriken Gesellschaft & Kultur, Politik, Wirtschaft & Finanzen, Medien, Sport, Umwelt & Wetter sowie Wissenschaft & Technik wurden ebenfalls bei jeder Onlineausgabe der Zeitung addiert. Abschließend wurde die Summe der Verlinkungen (auf die Website der Tageszeitung, auf eine externe Website sowie auf Social Media Präsenzen wie Weblogs) gezählt.
Anhand der erhobenen Zahlen erfolgte eine Aufbereitung der Ergebnisse, die im folgenden Kapitel dargestellt werden.

funktion verfügte.

15 Eine Ausnahme stellen Leserbriefe dar. Diese können jedoch schon aus Platzgründen nicht alle in einer Tageszeitung veröffentlicht werden. Für Kommentare trifft dies meist nicht zu.

4.1 Welchen inhaltlichen Fokus haben die Facebook-Auftritte der Tageszeitungen und inwieweit unterscheidet sich dieser von der Printausgabe?

Untersucht wurde die inhaltliche Fokussierung des Angebots der Tageszeitungen auf Facebook in Gegenüberstellung zu deren Printausgaben. Die folgenden Tabellen zeigen die thematischen Schwerpunkte der verlinkten Artikel.

Tabelle 2 - Inhaltlicher Fokus: Alle Zeitungen bei den Printausgaben

	Unterhaltung	Medien	Politik	Sport	Umwelt	Wirtschaft	Wissenschaft
Ø Alle Zeitungen	31%	5%	14%	16%	6%	25%	3%
FAZ	25%	6%	10%	9%	7%	**36%**	7%
Handelsblatt	5%	8%	26%	4%	5%	**51%**	1%
SZ	**32%**	6%	18%	17%	5%	20%	2%
WAZ	**47%**	0.4%	10%	27%	6%	10%	0%

Tabelle 3 - Inhaltlicher Fokus: Aller Zeitungen bei Facebook

	Unterhaltung	Medien	Politik	Sport	Umwelt	Wirtschaft	Wissenschaft
Ø Alle Zeitungen	31%	9%	20%	7%	7%	24%	2%
FAZ	25%	5%	**30%**	9%	6%	23%	2%
Handelsblatt	4%	7%	24%	2%	1%	**62%**	0%
SZ	**56%**	5%	13%	9%	5%	8%	4%
WAZ	**38%**	18%	13%	10%	17%	2%	2%

Anhand der Tabellen ist erkennbar, dass der allgemeine Fokus der Facebook-Nachrichten aller Zeitungen auf den Bereichen Wirtschaft, Unterhaltung und Politik liegt.

Die Printausgaben bestätigen dieses Ergebnis, wobei hier zusätzlich der Sportteil eine wesentliche Komponente des Nachrichtenangebots darstellt und der Politik-Teil etwas weniger umfangreich ist. Im Facebook-Auftritt sind mehr Medienthemen enthalten, wobei hier Potenzial vorhanden ist, dieses Themengebiet weiter auszubauen. In Bezug auf die jeweiligen Zeitungen zeigen sich deutliche Unterschiede vom Angebot auf Facebook zum Angebot im Printbereich. Die FAZ legt die inhaltlichen Schwerpunkte im Facebook-Auftritt auf Wirtschaft, Unterhaltung und Politik. Die Printausgabe fokussiert sich mehr auf wirtschaftliche Themen sowie Unterhaltung und enthält mehr Inhalte zum Thema Wissenschaft.

Ein Faktor für die Themengewichtung ist die Einteilung der Newskategorien, welche in der Printausgabe differenzierter gestaltet ist. Es wird beispielsweise die Rubrik Wirtschaft angeboten, zusätzlich folgen weitere Rubriken wie Unternehmen, Stellenanzeigen und Arbeitswelt, welche dem Thema Wirtschaft zugeordnet werden können.

Die inhaltlichen Schwerpunkte beim Handelsblatt liegen auf Facebook wie in der Printausgabe deutlich in den Bereichen Wirtschaft und Politik, wobei die auf Facebook angebotenen Inhalte mehr wirtschaftliche Themen beinhalten, als die Printausgabe. Dafür werden die Bereiche Sport, Umwelt und Wissenschaft in der Printausgabe stärker behandelt, als auf Facebook. Dies lässt darauf schließen, dass die Nutzer auf Facebook an wirtschaftlichen Themen interessiert sind bzw. die Zielgruppe seitens des Handelsblatts dementsprechend definiert wurde.

Bei der Süddeutschen Zeitung ist festzustellen, dass sich die Inhalte auf Facebook signifikant von denen der Printausgabe unterscheiden: Die auf Facebook angebotenen Inhalte sind hauptsächlich dem Unterhaltungsbereich zuzuordnen. In der Printausgabe sind die Themen Wirtschaft, Sport und Politik ausgeglichen verteilt, wobei hier mit 32% auch Unterhaltungsthemen vergleichsweise oft auftreten. Daraus ist abzuleiten, dass die Zeitung ihr Hauptaugenmerk in Facebook stärker auf die Rubrik Unterhaltung richtet und sich dieses von der Zielgruppe der gedruckten Version unterscheidet.

Auffallende Unterschiede ergeben sich auch bei den Inhalten der Westdeutschen Allgemeinen Zeitung. Hier liegt auf Facebook ein stärker ausgeglichenes Verhältnis des Angebots vor als in der Printausgabe, welche hauptsächlich auf die Themen Unterhaltung und Sport ausgerichtet ist. Auf Facebook liegen die Schwerpunkte bei Unterhaltung und Medien, wobei die Themen Sport, Politik und Umwelt ebenso stark behandelt werden.

Zusammenfassend lässt sich sagen, dass die Inhalte im Wesentlichen auf die Bereiche Unterhaltung, Wirtschaft und Politik fokussiert sind. Dabei ist zu beachten, dass das Themenspektrum davon abhängt, welche Ereignisse sich in der Welt zu gegebener Zeit abspielen und welche Zielgruppe angesprochen werden soll. Daher unterscheidet sich auch das Angebot der jeweiligen Zeitung, welche die Inhalte anbietet. Zudem ist der Vergleich mit dem Angebot in den Printausgaben eher schwierig, da die Inhalte auf Facebook allgemeiner und nicht in Kategorien unterteilt sind, wie es im Printbereich zur Strukturierung von Inhalten möglich ist. Dies ist auch auf die begrenzten technischen Möglichkeiten für Facebook-Seiten zurückzuführen - Inhalte bspw. in Rubriken einzuteilen - wie es auf einer Website oder gar in einer Printausgabe einer Zeitung möglich ist. Ein weiterer Punkt für die nichtkategorisierte Veröffentlichung der Inhalte ist die Schwierigkeit, Zielgruppen auf Facebook zu identifizieren und auf sie abgestimmte Inhalte anzubieten. Hierfür wäre Pozential vorhanden, da die Nutzergruppe in SNS breit gefächert ist und Möglichkeiten bestehen, Nischenthemen anzusprechen. Beispielsweise ist es vorstellbar Interessengruppen zu bilden, welche spezialisierte Inhaltsangebote bekommen und diese dann diskutieren. Technisch ist dies noch nicht möglich. Hierbei ist ein Seitenbetreiber auf Facebook jedoch vom Goodwill des Anbieters abhängig – der Betrieb von mehreren Accounts bzw. Seiten ist nach den Nutzungsbedingungen von Facebook untersagt (Facebook Inc., 2010).

Die bisherige nichtkategorisierte Veröffentlichung der Inhalte bietet zudem Potenzial, mehr Artikel anzubieten. Die Tatsache, dass die Erhebung der Artikel über insgesamt zwei Monate erfolgen musste, um die benötigte Anzahl von 100 Artikel zu erreichen, lässt auf eine geringe Aktualisierungshäufigkeit der Facebook-Seiten im Vergleich zu den Websites der Zeitungen schließen. Daraus ergibt sich, dass Social Media in Zeitungsverlagen nicht den Stellenwert erlangt hat, den es im Zuge des Medienwandels haben könnte. Im Hinblick auf zukünftige Online-Strategien der Verlage, welche ohne die Communities nicht auskommen werden, besteht hier ein wesentlicher Entwicklungs- und Handlungsbedarf.

4.2 Mit welchen Präsentationsmedien werden die Inhalte dargestellt?

Untersucht wurden die Inhalte (Text, Bild, Audio und Video), die in den auf Facebook eingestellten Artikeln enthalten waren. Dadurch soll aufgezeigt werden, welche Schwerpunkte bei der Darstellung gesetzt werden und ob daraus Tendenzen abgeleitet werden können, ob und wie sich die Präsentation eines Artikels auf das Interesse der Nutzer auswirkt.

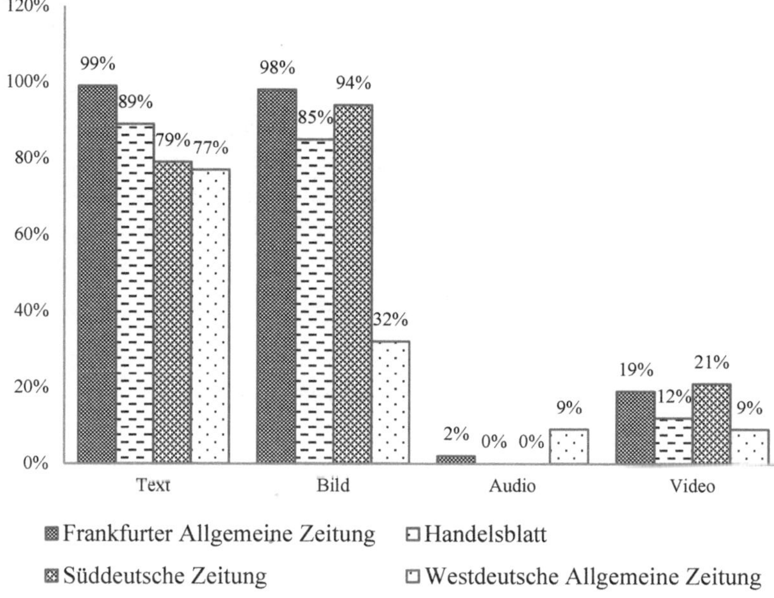

Abbildung 18 - Prozentualer Anteil der verwendeten Medien je Artikel (Facebook)

Die obenstehende Grafik verdeutlicht, welche Medien die angebotenen Artikel primär enthielten. Von großer Relevanz ist insbesondere der Einsatz von Text und Bild. Bei Bildern ist ein Titelbild meist Standard, ergänzt von Bildern oder Grafiken im Text und je nach Thema, Bildergalerien. Hauptsächlich dann, wenn das beschriebene Thema Potenzial bietet, über Bildergalerien veranschaulicht zu werden, wie beispielsweise bei Umweltthemen. Eine Ausnahme bei der Verwendung von Bildern ist die Westdeutsche Allgemeine Zeitung: Ein knappes Zehntel der Artikel enthalten Audioclips, wohingegen nur ein Drittel der Artikel auch Bilder enthalten. Weiterhin ist die Verwendung von Videoclips ein vereinzelt genutztes Mittel, bei den drei weiteren untersuchten Verlagen in stärkerem Ausmaß, um Artikel zu "bebildern". Die prozentuale Verteilung zeigt die Relevanz von Videodateien, um Artikel zu ergänzen, wobei auch hier noch Potenzial vorhanden ist. Lediglich die Verwendung von Audio-Dateien hat sich bis zum heutigen Zeitpunkt noch nicht etabliert. Zum einen ist es schwierig, einen Artikel mit Audio zu ergänzen, da die Einbindung eines Videos mit Audio einhergeht. Zum anderen ist die Verwendung von Audio sehr themenabhängig. Zu erwähnen sind Sportkommentare, Lesungen, Musikthemen und Reden von Persönlichkeiten, wobei auch hier meist ein Video vorhanden ist, welches das jeweilige Ereignis veranschaulichen kann. Trotzdem besteht in der Verwendung von Audio-

Dateien ein wesentliches Potenzial, insbesondere hinsichtlich der Barrierefreiheit. Menschen, die schlecht oder gar nicht sehen können, sind auf entsprechend aufbereitete Audio-Inhalte angewiesen, weshalb sich eine verstärkte Einbindung anbieten würde.

Die Verwendung der Präsentationsmedien wird im Zuge der oben genannten Fragestellung auf die Verwendung innerhalb der Newskategorien ausgeweitet, um Tendenzen zu erkennen, welche Kategorien wie präsentiert werden.

In Abbildung 18 ist erkennbar, dass die Präsentation innerhalb der Kategorien und je Zeitung relevante Unterschiede aufweist. Wie oben beschrieben, grenzt sich die Westdeutsche Allgemeine Zeitung hinsichtlich der Verwendung von Bild und Audio wesentlich von den anderen Zeitungen ab.

4.3 Welche Medieninhalte sind für die Nutzer von besonderem Interesse?

Um Rückschlüsse auf das Interesse der Rezipienten an bestimmten Artikeln bewertbar zu machen, wurde die Kommentarhäufigkeit zum einen auf die News-Kategorie und zum anderen auf die Medieninhalte bezogen betrachtet. Untersucht wurden dafür die Kommentare auf Facebook zu den auf der Website der Zeitung verlinkten Artikeln, wie auch die Kommentare zu den Artikeln auf der Website der Zeitung selbst.

4.3.1 Nach News-Kategorie

Bei der Auswertung der Kommentare bezogen auf die News-Kategorie lässt sich keine allgemeingültige Aussage treffen. Die Interessen der Nutzer sind zum einen abhängig von den angesprochenen Zielgruppen der Zeitungen wie auch vom genutzten Medium (Facebook/Website). Es lassen sich auf die einzelne Zeitung bezogen ausgewogene und schwerpunktorientierte Nutzerinteressen ausmachen.

Tabelle 4 - Durchschnittliche Anzahl der Kommentare je Kategorie auf Facebook

Facebook	Unterhaltung	Medien	Politik	Sport	Umwelt	Wirtschaft	Wissenschaft
FAZ	1,32	1,80	2,13	0	3,67	2,00	0
Handels-blatt	0	0	0,17	0	1,00	0,10	0
SZ	4,38	12,20	17,46	25,33	1,90	7,25	5,00
WAZ	4,41	4,75	5,75	7,56	5,07	4,00	12,00

Tabelle 5 – Durchschnittliche Anzahl der Kommentare je Kategorie der Website

Website	Unterhaltung	Medien	Politik	Sport	Umwelt	Wirtschaft	Wissenschaft
FAZ	20,60	8,80	36,63	4,67	35,83	44,48	35,00
Handels-blatt	0,75	1,00	12,46	1,00	19,00	4,87	0
SZ	16,73	14,80	107,46	12,44	4,80	54,13	10,25
WAZ	15,24	30,56	53,25	15,56	22,00	39,00	0,00

Auffällig sind die überdurchschnittliche Beteiligung der Nutzer bei der Süddeutschen Zeitung sowie die vergleichsweise geringe Beteiligung der Nutzer des Handelsblatts. Im Zeitraum der Untersuchung war die Süddeutsche allerdings auch die Zeitung mit der höchsten Anzahl von "Fans" auf Facebook. Hier kann davon ausgegangen werden, dass für die vergleichsweise niedrige Anzahl an Kommentaren eine kritische Masse an Nutzern noch nicht erreicht ist, was für den Erfolg von Online-Angeboten einen kritischen Erfolgsfaktor darstellt (S. M. Lee, Kim, Noh, & B. Lee, 2010, S. 96).

4.3.2 Nach Medieninhalten

Bei der Betrachtung der Kommentardichte bezogen auf die in den Artikeln angebotenen Medien »Text/Bild« und »Video« lässt sich ein klarer Trend zu einer erhöhten Bereitschaft der Nutzer zur Interaktion bei Artikeln mit eingebetteten Videos feststellen.

Tabelle 6 – Durchschnittliche Anzahl an Kommentaren pro Artikel bezogen auf Medieninhalte

	Facebook		Website	
Zeitung	Text/Bild	Video	Text/Bild	Video
FAZ	1,83	1,37	31,07	37,53
Handelsblatt	0,10	0,17	6,58	11,58
Süddeutsche Zeitung	8,18	9,62	29,32	49,43
WAZ	5,41	10,11	23,32	8,00

Es ist fraglich, ob dieser Trend alleinig auf das Angebot von Videoinhalten zurückzuführen ist. Vorstellbar wäre zum Beispiel, dass vorwiegend Artikel, welche eine hohe Popularität versprechen, zusätzlich mit der Einbindung von Videomaterial gestützt werden. Bei einer solchen Vorgehensweise werden diese

Artikel voraussichtlich bei den Rezipienten einen größeren Anklang finden, unabhängig davon, ob diese mit oder ohne Video-Content angeboten werden.

Der Ausreißer der Anzahl an Kommentaren bei Artikel der Sueddeutschen Zeitung mit Video-Content ist darauf zurückzuführen, dass auf der Website Videos auf »YouTube« verlinkt wurden. Diese konnten auf der Website selbst nicht kommentiert werden.

4.4 Wohin werden Inhalte verlinkt? (Website der Tageszeitung, externe Website, Social Media Präsenzen wie Weblogs)

Diese Untersuchungsfrage beschäftigt sich mit den Zielen, auf die in den jeweiligen in Facebook angebotenen Artikel verlinkt wird. Dies ist daher interessant, da wie erwähnt, von Seiten des BDZV (Kansky, 2010) Social Media und somit auch das SNS Facebook als Chance gesehen wird, Nutzer auf die eigene Website des Verlages zu holen. Dies versuchen die untersuchten Verlagsangebote zu realisieren, indem die Verlinkung der Artikel hauptsächlich auf die eigene Website erfolgt, wie die folgende Abbildung 19 zeigt.

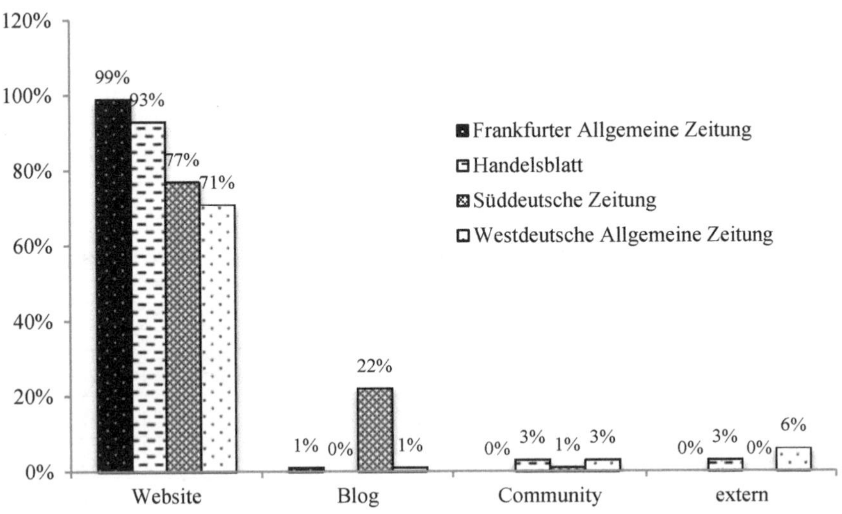

Abbildung 19 - Auf Facebook verlinkte Seitentypen

Lediglich die Süddeutsche Zeitung verlinkt zu einem vergleichsweise großen Teil auf Blogs, die nicht Teil der eigenen Website darstellen. Die Nutzung von externen Quellen wie andere Nachrichtenseiten oder Communities ist wenig bis gar nicht anzutreffen. Gründe dafür sind erstens die Erhöhung des Traffics auf der eigenen Website und somit die Steigerung der Attraktivität für Werbepartner sowie die Furcht, sich auf Blogs oder andere externe Leistungspartner zu verlassen und damit eventuell Qualitätsverluste in Kauf nehmen zu müssen. Dennoch bestehen hier Potenziale, wie bspw. die Verbindung von Artikeln mit Diskussionen in weiteren Communities, um das Interesse zusätzlicher User für die eigene Website zu wecken. Des Weiteren sind externe Anbieter und Blogs in der Lage, andere Themen abzudecken und somit Mehrwerte in Form von weiteren Hintergrundinformationen oder Austauschmöglichkeiten bieten können.

5. *Fazit und Diskussionsgrundlage*

Die Ergebnisse der Untersuchung zeigen, dass die Verlage Social Media einsetzen und im Rahmen ihres Online-Auftritts nutzen. Es muss jedoch festgehalten werden, dass das Potenzial sozialer Medien noch nicht ausgereizt wird: Die Ergebnisse aus Abschnitt 4.1 haben gezeigt, dass sich die inhaltlichen Themen im Wesentlichen nicht von denen der Printausgabe unterscheiden. Hier stellt sich die Frage, wie die Präferenzen der Nutzer in Bezug auf einzelne Themengebiete und Inhalte zu bewerten sind. So könnte diskutiert werden, ob Themen aus dem Bereich Unterhaltung oder Medien aufgrund des multimedialen Charakters des Internets für den Nutzer von größerem Interesse als Finanz- oder Wirtschaftsthemen sind. Allerdings muss auch beachtet werden, dass Zeitungen hier ihre individuellen Stärken und Zielgruppen sehen.
Aus den Ergebnissen aus Abschnitt 4.2 lässt sich ableiten, dass die Verlage die multimedialen Einsatzmöglichkeiten im digitalen Umfeld Internet nur rudimentär nutzen. Im Wesentlichen überwiegen klassische Text- und Bildinhalte, während Audio- und Videoclips nur vereinzelt eingesetzt werden. Hier liegt ein großes Potenzial für die Verlage vor, ihre Inhalte in digitaler Form weiter aufzubereiten und inhaltlich auszubauen. Zumal aus den Ergebnissen in Abschnitt 4.3 festgestellt werden muss, dass multimedial aufbereitete Nachrichten in Form von Video oder Audio-Dateien für den Nutzer besonders interessant sind.

Bei der Verlinkung der Artikel steht die Website der Verlage im Mittelpunkt. Damit intentionieren die Verlage, dass Nutzer auf die eigene Website geleitet werden, die Nachricht "konsumieren" und die dort erscheinende Werbung betrachten.

In der Untersuchung hat sich gezeigt, dass im Wesentlichen keine weiteren Websites wie Blogs, Communities oder Video-Portale angesprochen oder verlinkt werden. Ferner werden den Nutzern nur vereinzelt personalisierte oder individualisierte Inhalte angeboten bzw. das breite Spektrum an verfügbaren (Präsentations-) Formaten wird nur ansatzweise ausgeschöpft.

Abschließend sollfestgehalten werden, dass die bisherigen Facebook-Auftritte der Verlage dem multimedialen und netzwerkartigen Charakter des Internets und der sozialen Medien noch nicht gerecht werden. An vielen Stellen existiert Handlungsbedarf, Inhalte »internetgerecht« aufzubereiten und zu präsentieren, um die Potenziale der sozialen Medien nutzen zu können.

Boyd, D. M. & Ellison, N. B. (2008): Social Network Sites: Definition, History, and Scholarship. In: Journal of Computer-Mediated Communication, 13(1), S. 210-230.

CNN (2010): "Shared news matters more", say results from CNN's first international study into Social Media recommendation. http://cnninternational.presslift.com/socialmediaresearch. Letzter Abruf: 11.10.2010

DerWesten (2010): www.facebook.com/waz. Letzter Abruf: 22.10.2010

Elliott, N. (2010): Further Proof That Social Media Is A Mass Medium: The 2010 European Peer Influence Analysis Report. http://blogs.forrester.com/nate_elliott/10-12-15-further_proof_that_social_media_is_a_mass_medium_the_2010_european_peer_influence_analysis_report. Letzter Abruf: 21.12.2010

Facebook Inc. (2010): Facebook Pages Terms. http://www.facebook.com/terms_pages.php. Letzter Abruf: 11.03.2011

FAZ.NET - Frankfurter Allgemeine Zeitung. (2010): www.facebook.com/faz. Letzter Abruf: 22.10.2010

Franz, G. (2010): Digital Natives und Digital Immigrants: Social Media als Treffpunkt von zwei Generationen. Media Perspektiven, 48(9), S.399-409

Gilbert, E. & Karahalios, K. (2009): Predicting tie strength with social media. In: Proceedings of the 27th international conference on Human factors in computing systems - CHI '09, S.211-220

Handelsblatt (2010): www.facebook.com/handelsblatt. Letzter Abruf: 22.10.2010

Hogan, B. & Quan-Haase, A. (2010): Persistence and Change in Social Media. In: Bulletin of Science, Technology & Society, 30(5), S.309-315

Kansky, H. (2010): Mobile Kommunikation und Social Media bieten große Chancen für Zeitungen. http://www.bdzv.de/pressemitteilungen+M5880a5f038f.html. Letzter Abruf: 19.01.2011

Kaplan, A. M. & Haenlein, M. (2010): Users of the world, unite! The challenges and opportunities of Social Media. In: Business Horizons, 53(1), S. 59-68.

Lee, S. M., Kim, T., Noh, Y. & Lee, B. (2010): Success factors of platform leadership in web 2.0 service business. In: Service Business, 4(2), S. 89-103

MEEDIA (2010): Meedia Analyzer - Zeitungen. http://meedia.de/typo3conf/ext/m2analyzer/analyzer/auswahl2.php?category=2. Letzter Abruf: 22.10.2010

Mislove, A., Marcon, M., Gummadi, K. P., Druschel, P. & Bhattacharjee, B. (2007): Measurement and analysis of online social networks. In: Proceedings of the 7th ACM SIGCOMM conference on Internet measurement - IMC '07, 29.

Newman, N. (2009): The rise of social media and its impact on mainstream journalism. http://reutersinstitute.politics.ox.ac.uk/fileadmin/documents/Publications/The_rise_of_social_media_and_its_impact_on_mainstream_journalism.pdf. Letzter Abruf: 09.03.2011

Ostrow, A. (2009): Sharing on Facebook Now More Popular than Sharing by Email. http://mashable.com/2009/07/20/facebook-sharing-data/. Letzter Abruf: 09.03.2011

Ostrow, A. (2010): It's Official: Facebook Passes 500 Million Users. http://mashable.com/2010/07/21/facebook-500-million-2. Letzter Abruf: 22.10. 2010

Richter, A. & Koch, M. F. (2008): Funktionen von Social-Networking-Diensten. http://twiki.informatik.unibw-muenchen.de/pub/Main/SocialNetworkingServices/MKWI-RichterKoch-Funktionen_von_Social_Networking_Services_final.pdf. Letzter Abruf: 22.10.2010

Rölver, M. & Alpar, P. (2008): Social News, die neue Form der Nachrichtenverteilung? In: Alpar, P. & Blaschke, S. (Hrsg.): Web 2.0—Eine empirische Bestandsaufnahme Wiesbaden: Vieweg+Teubner, S.295–330

Röper, H. (2010): Zeitungen 2010: Rangverschiebungen unter den größten Verlagen. Media Perspektiven, 48(5)

Schmid, J. (2010): Zeitungswebsites besser denn je - BDZV veröffentlicht Analyse deutscher Zeitungsportale. http://www.bdzv.de/index.php?id=information_multimed&tx_list_pi1[uid]=102158859&cHash=982a409f0d. Letzter Abruf: 08.04.2011

Schmidt, J. (2009): Das neue Netz - Merkmale, Praktiken und Folgen des Web 2.0 Konstanz: UVK Verlagsgesellschaft

sueddeutsche.de (2010): www.facebook.com/Sueddeutsche.de. Letzter Abruf: 09.03.2011

Tang, L. & Liu, H. (2011): Leveraging social media networks for classification. http://posgrado.escom.ipn.mx/biblioteca/Leveraging%20social%20media%20networks%20for%20classification.pdf. Letzter Abruf: 08.04.2011

Vickery, G., & Wunsch-Vincent, S. (2007): Participative web and user-created content: Web 2.0, wikis and social networking. OECD Publishing

Tablet-PC - Das neue Papier für die Tageszeitung?

Kai Erik Trost*

1. Keine Symbiose? Die Zeitung und das Internet

Die Dynamik des Mediums Internet ist beeindruckend: Mit dem Start von E-Mail und der Suche nach Inhalten Ende der 1990er Jahre, über die erste Web-2.0-Konferenz 2004 und dem darauffolgenden Einzug multimedialer Inhalte und der Social Communitys stellt das Internet heute quasi einen neuen medialen Massenmarkt dar.

Als Informationsquelle gewinnt es bei den Nutzungszahlen und als Informationsquelle seit Jahren an Bedeutung. So bezog sich bei der Verwendung der Massenmedien in 2011 immerhin 17% der Aufmerksamkeit der bundesdeutschen Gesamtbevölkerung auf das Internet in all seinen Funktionalitäten, was beispielsweise gegenüber dem Jahr 2008 einer Steigerung von 50% entspricht (Mende et al. 2012, S. 4,7). Zwar liegen die klassischen Medien im intermedialen Vergleich noch vorne (vgl. ARD/ZDF 2012), doch scheint die zunehmende Durchdringung durch das Internet evident.

Durch zunehmende Nutzung und Nutzungsintensität des Internets wandelt sich seine intermediale Bedeutung: Es nimmt eine zentrale Rolle bei der Distribution journalistischer Inhalte ein, die insbesondere für die Anbieter klassischer Printprodukte und Tageszeitungen bedeutsam ist. Denn das Internet lässt sich theoretisch mit den Charakteristika von Zeitungen vergleichen, da es als originär textbasiertes Medium an die klassischen, konstitutiven Merkmale der Zeitung (auch Wesensmerkmale: Publizität, Universalität, Periodizität, Aktualität; vgl. Groth 1960, S. 102ff.) heranreicht. Die Vorteile des Internets sind offenkundig: Informationen werden dynamisch generiert und in Echtzeit publiziert, wodurch die Inhalte sekündlich aktuell, interaktiv und multimedial aufbereitet, und bei der Rezeption nicht zeitlich oder räumlich beschränkt sind. Dieser theoretische Umstand ist seit Jahren am Zeitungsmarkt ökonomisch zu erkennen und durch rückläufige Zahlen bei den Auflagen sowie durch sinkende Werbeumsätze und Reichweitenverluste gekennzeichnet. Lag beispielsweise die Reichweite von Tageszeitungen bei der bundesdeutschen Bevölkerung im Jahr 2002 noch bei 77,3%, so sind es 2011 lediglich 68,4% (Pasquay 2011, S. 30). Diese Regression

* Akademische Mitarbeiter im Studiengang Online-Medien-Management der Hochschule der Medien, Stuttgart

bei der Reichweite führt zur Verlagerung der Aktivitäten der Werbetreibenden auf das Internet und resultiert in einer ähnlichen Situation der Zeitungen auf dem Werbe- und Anzeigenmarkt. Dort waren die Erlöse im selben Zeitraum um etwa 27% rückläufig (ebd., S. 21).

Zwar gilt es mittlerweile als empirisch belegt, dass das Internet nicht disruptiv gegenüber klassischen Medien wirkt (vgl. Best/Breunig 2011; van Eimeren/Ridder 2011) und journalistische Angebote im Internet nicht zwangsläufig substitutiv gegenüber Print-Zeitungen verwendet werden (Mögerle 2009), doch während Radio und TV die Werbeerlöse in den vergangenen Jahren weitestgehend konstant halten konnten (vgl. Pasquay 2011, S. 20), zeigt die Entwicklung im Print-Segment ein diametrales Bild: Hatten die Tageszeitungen im intermedialen Vergleich in Deutschland 2002 noch einen Anteil von 24,6% an den gesamten Werbeerlösen, so waren es 2010 nur noch 19,4% (ebd., S. 21). Zum Vergleich: Im selben Zeitraum wuchs der Online-Werbemarkt um circa 400%. Zumindest hinsichtlich der Wirkungen auf den Werbemarkt ist dem Internet daher ein konfligierender Charakter nicht abzusprechen. Die Ertragskrise des Journalismus im Internet ist eine Strukturkrise, die ursächlich auf den Verlust ihrer bis dato im Print-Segment vorherrschenden Rolle bei den Werbeerlösen zurück geht; und dieser verlagert sich zunehmend auf das Online-Segment.

Für die Werbewirtschaft bietet das Internet eine Reihe von Vorteilen. Die Betreiber der Werbeplattform können Besucher- und Reichweitedaten sowie die Verweildauer komfortabel in Form von Kennzahlen wie den Domain-Visits oder Page-Impressions erheben, während die Werbeanbieter die Conversion-Rate mittels Klick- und Kaufstatistiken messen und dokumentieren können. Der Grad der Erfolgsmessung ist im Vergleich zur Majorität anderer Werbeformen besonders hoch. Intramedial zeigt sich der Werbemarkt im Internet auf der anderen Seite sehr ausdifferenziert und der Journalismus ist mit einem starken Wettbewerb konfrontiert. Neben den Global-Playern, originären "Internet-Dienstleistern" wie Suchmaschinen- und E-Mail-Anbietern, partizipieren auch E-Commerce-Plattformen oder soziale Netzwerke wie Facebook am Werbemarkt im Internet. Dazu kommen private Content-Angebote sowie die Anbieter anderer Mediengattungen, wie Fernsehen oder Hörfunk. So verwundert es nicht, dass sich die Werbewirtschaft zunehmend aus der Finanzierung des Journalismus im Internet zurückzieht (Meyer-Lucht 2010c, S. 24). Die Refinanzierung von Online-Inhalten erfolgt wesentlich durch das Print-Mutterprodukt (Mögerle 2009, S. 50-53), wobei die Werbeeinnahmen im Internet kaum zur Finanzierung von journalistischen Qualitätsangeboten beitragen (vgl. Meyer-Lucht 2010a, S. 5). Auch etwa zusätzliche Erlöse bei den Käufern im Print-Segment genügen nicht, um die rückläufige Erlöse am Anzeigenmarkt zu nivellieren (vgl. Lauff 2010, S. 61).

Vor diesem Hintergrund verwundert es nicht, dass die Rolle der Zeitung im Internet gerne thematisiert wird und sich die Zeitungsbranche selbst intensiv mit neuen Geschäftsmodellen und Erlösformen im Internet auseinandersetzt. Die Strukturkrise am Werbemarkt macht direkte Erlöse am Rezipientenmarkt erforderlich und zwingt eine traditionell geprägte und konventionell agierende Branche sich partizipativ mit der Entwicklung der digitalen Marksegmente und des Internets auseinanderzusetzen. Wie die jährlich erscheinende Langzeitstudie Massenkommunikation der ARD/ZDF-Medienkommission belegt (vgl. Ridder/Engel 2010; van Eimeren/Ridder 2011), verweist diese im Jahr 2012 vor allem auf eine inhaltlich konvergente und simultan stattfindende Mediennutzung im Rahmen mobiler Nutzungskontexte.

2. *Das Internet wird mobil - Und die Zeitung?*

Schon seit Jahren wird prognostiziert, dass die mobilen Endgeräte wie Tablet-PC und Smartphone Einzug in unseren Informationsalltags erhalten und die Verwendung der tertiären Medien und des Internets revolutionieren. Die technologische Entwicklung, einhergehend mit dem Ausbau der Netzarchitektur und der Einführung kundenfreundliche Tarifmodelle seitens der Telekommunikationsanbieter hat zu kontinuierlich wachsenden Bandbreiten und zur Entstehung neuer Endgeräte geführt. Mobiltelefone und Smartphones werden heute nicht nur zum Telefonieren, sondern auch zum gezielten Abruf multimedialer Formate wie Bilder, Audiodateien oder Videos verwendet. Die meisten der Geräte verfügen darüber hinaus bereits über eine digitale Fotokamera, über Musik- und Videoplayer oder gar komplette Office-Anwendungen. Als multimediales "All-In-One-Medium" lassen sich die Endgeräte universell einsetzen und allerorts für den Internetzugriff verwenden.

Der Absatz dieser mobilen und bei der Nutzung konvergenten Geräteklassen hat sich in den vergangenen Jahren stark intensiviert. Im Jahr 2011 war jedes dritte in Deutschland verkaufte Mobiltelefon ein Smartphone, was nach Berechnungen des Bitkom und von Eito 10,1 Millionen Stück entspricht (Bitkom 2011b, S. 5). Für das Jahr 2012 geht der Bitkom (2011a) bezüglich der Tablet-PCs von einem Absatz von 2,2 Millionen Tablet-PCs in Deutschland aus, was bei dieser Geräteklasse einer Steigerung von 46% im Vergleich zum Vorjahr entspricht. Zwar sind es momentan lediglich 5% der Deutschen, die über einen Tablet-PC verfügen (was allerdings andererseits immerhin über vier Millionen Nutzer bedeutet), doch ist die zukünftige Entwicklung besonders aussichtsreich. Die mobile Nutzung des Internets ist im Jahr 2012 in der Mitte der Gesellschaft angekommen: Waren es 2008 lediglich 3,0% der bundesdeutschen Bevölkerung, so setzten 2011 bereits 17,1% diese Geräte für den Zugriff auf das mobile Internet ein (vgl. Schneller 2011, S. 3). Zu ähnlichen Ergebnissen kommt die ARD/ZDF-Langzeitstudie Massenkommunikation, nach welcher im vergangenen Jahr 22%

der deutschen Onlinebevölkerung das mobile Internet und seine Angebote regelmäßig nutzen (van Eimeren/Frees 2011, S. 33). Gegenüber dem Jahr 2010 haben sich die Nutzungszahlen damit verdoppelt. Beide Treiber, die zunehmende technologische Verbreitung des mobilen Internets auf der einen, und die Durchdringung des Marktes mittels entsprechender Endgeräte auf der anderen Seite, stehen sich reziprok gegenüber und führen zu neuen mobilen Angebotsformen.

Dieser Trend bei der Entwicklung und Nutzung des mobilen Internets weist viele Parallelen zu der des stationären Internets vor circa einem Jahrzehnt auf. Sofern durch technische Neuerungen und Innovationen die Bedienbarkeit erleichtert, Kosten gesenkt oder neue Funktionen bereitgestellt werden, stiegen Nutzungszahlen und -intensität rapide an. Eine solche Entwicklung ist momentan für mobile Internetangebote und Endgeräte klar zu erkennen, denn das mobile Internet ist der zentrale Treiber für den Wachstum bei den Nutzungszahlen und Contentangeboten im Internet. Wenn nun, der Diffusionstheorie von Everett Rogers (1983) folgend, diese Nutzerschaft bald eine kritische Masse erreicht, manifestiert sich das mobile Internet als ein neues massenmediales und ertragreiches Marktsegment, in dem sich mobile Endgeräte als Massenmedien etabliert haben. Als Folge dieses Entwicklungsprozesses können die Nutzungszahlen nochmals sprunghaft ansteigen.

Wenngleich die heutigen Ertragsmöglichkeiten für die Anbieter von medialem Content noch recht gering sein mögen, so ist das Potential des mobilen Internets dennoch immens. Doch um die strategischen und marktspezifischen Chancen nutzen zu können, müssen Printmedien und Zeitungsanbieter - anders als im Internet vor etwa einem Jahrzent - ex ante agieren und nicht dann reagieren, wenn sich bereits ein ertragreicher (Massen-) Markt etabliert hat.

3. Tablet-PC - ein neues Medium für ein neues Marktsegment?

Bereits das Aufkommen des Notebooks hat zu einer Flexibilisierung der tradierten, stationären Nutzungskontextes in Form einer gestiegenen Ortsunabhängigkeit geführt. Allerdings ist eine Arbeitsumgebung mit Tisch und Stuhl weiterhin vorteilhaft, zumal meist bereits nach wenigen Stunden ein Stromanschluss benötigt wird. Dem gegenüber bieten Mobiltelefone und Smartphones zwar die Möglichkeit einer zeitlich längerfristigen und situativ flexiblen, ortsunabhängigen Nutzung frei von bestimmten technischen Rahmenbedingungen, doch reicht die Leistungsfähigkeit des Geräts für viele Anwendungsfälle nicht aus. Da sich darüber hinaus die besonders kleinen Displays von Smartphones nicht für komplexe Rezeptionsvorgänge eignen, steht bei den Nutzungskontexten häufig auch Telefonie, SMS oder die Verwendung von Social Communitys im Vordergrund (vgl. z.B. van Eimeren/Frees 2011; Goldmedia 2011a). Dem gegenüber werden Notebooks primär beruflich und zur Ausübung funktionaler Nutzungskontexte eingesetzt (Kuhn/Bläsi 2011, S. 584).

Anders werden Tablet-PCs und E-Reader verwendet, die sich aufgrund ihrer langen Akkulaufzeit für die Freizeit eignen (Kuhn/Bläsi 2011, S. 591). E-Reader bieten jedoch weder die Möglichkeit der Aufbereitung und Gestaltung von Inhalten, noch unterstützen sie multimediale Formate und sind ausschließlich für die Rezeption homogener Textinhalte und speziell für Buchinhalte ausgelegt. Tablet-PCs hingegen setzen auf vielfältige Einsatzpotentiale und die Rezeption (multi-) medialer Inhalte, wobei die Displays die Inhalte brillant darstellen, zugleich jedoch weniger Strom benötigen und als Eingabegerät fungieren. Sie ermöglichen daher neue Rezeptionssituationen und erschließen einen neuen situativen Kontext, in dem multimediale Inhalte abgerufen und digitale Texte rezipiert werden können. In diesem Zuge führen sie zu einer weiteren Ausdifferenzierung möglicher Lesemodi, -gewohnheiten und -erfahrungen (Kuhn/Bläsi 2011, S. 583, 590). Tablet-PCs sind weniger als aktive Arbeitswerkezeuge zu begreifen, sondern vielmehr als komfortable und „im Trend liegende" Rezeptionstechnologie für Medieninhalte, wie Websites, Video- und Audiodateien oder Spiele (vgl. Kuhn/Bläsi 2011, S. 584).

Im Vergleich zum Notebook erschließt der Tablet-PC also neue Nutzungskontexte, ergänzt gegenüber dem Smartphone die möglichen Anwendungsfälle und ermöglicht als konvergentes Medium im Vergleich mit dem E-Reader die Rezeption heterogener Inhalte. Der Tablet-PC charakterisiert sich daher durch die folgenden Eigenschaften, die im Aggregat das Alleinstellungsmerkmal des Geräts ausmachen:

- Situativität: Ergänzung der Nutzungskontexte und Rezeptionssituationen
- Innovativität: Neue Bedienelemente und Formen der Interaktion
- Multimedialität: Ergänzung um multimediale Formate
- Multifunktionalität: Rezeption heterogener Inhalte

Dieses Alleinstellungsmerkmal von Tablet-PCs schafft für die Nutzung intermedialer Inhalte ein neues Umfeld und ein für die Anbieter neues Marktsegment, das mit den originären Mechanismen des WWW nur noch wenig gemeinsam hat. Die Anbieter positionieren sich an diesem Markt auf unterschiedliche Weise: Während der Fokus bei den Android-basierten Geräten von Samsung oder Sony tendenziell eher auf einer umfangreichen technischen Ausstattung liegt, differenziert sich Marktführer Apple über Merkmale wie Minimalismus und Design sowie ein kluges Marketing-Konzept.

Mit der bis dato empirisch wenig untersuchten Frage, was den Erfolg dieser Geräte aus der Sicht der Nutzer ausmacht und wie sich Nutzungs- und Rezeptionsverhalten charakterisieren lassen, setzten sich Wissenschaftler des Instituts für Buchwissenschaft der Johannes-Gutenberg-Universität Anfang 2011 auseinander (Kuhn/Bläsi 2011, S. 587f.). In der für die Studie „Lesen Digitaler Texte“ repräsentativ durchgeführten Befragung unter Tabletnutzern geben diese an, dass sie digitale Texte auf dem Tablet-PC im Vergleich zu gedruckten Texten intensiver wahrnehmen und als geeigneter empfinden um vielfältige Anregungen zu erhalten (ebd., S. 587f.; vgl. a. Stiftung Lesen 2008, S. 58). Die Rezeption von Inhalten auf dem Tablet-PCs ist für den Nutzer im Vergleich zu gedruckten Inhalten aber auch anstrengender, erfordert mehr Aufmerksamkeit (Kuhn/Bläsi 2011, S. 588) und birgt überdies die Gefahr der Ablenkung (Stiftung Lesen 2008, S. 41). Diese Faktoren dürften auf die rezeptive Nähe zum Internet per se zurückzuführen sein, welchem mit seiner netzwerkartigen Charakteristik in Form von Verweisen und Dialogen einerseits, andererseits aber auch mit dem multimedialen Charakter, große Ablenkungspotentiale inhärent sind. Zu berücksichtigen ist an dieser Stelle jedoch auch, dass der Tablet-PC im Vergleich zu gedruckten Texten mit seiner Charakteristik ein Alleinstellungsmerkmal schafft, das nicht nur zu einem an sich neuen Rezeptionsmodus, sondern auch zu neuen Erfahrungen bei der Nutzung führt: So wird beispielsweise durch die Bedienung mittels Touch-Gestiken, durch die Integration von multimedialen Formaten wie Bildern oder Videos in Artikeln und die mögliche Vernetzung mit Social Communitys bewusst der Lesefluss gestört und der Nutzer zum intuitiven Entdecken und Stöbern animiert. Vor diesem Hintergrund werden Tablet-PCs gerne als Casual-Device oder Lean-Back-Medium bezeichnet (vgl. Lauff 2010).

Dieses Bild zeigt sich auch bei den durch die Nutzer wertgeschätzten Eigenschaften, die neben eher funktional geprägten Aspekten wie Akkulaufzeit, Portabilität, Absturzsicherheit oder Mobilität, auch auf Eigenschaften wie Bequemlichkeit und Komfort oder hedonistische Motive zurückzuführen sind (Köcher 2011; Lauff 2010). Die Nutzer schätzen beispielsweise die komfortable und ohne große technische Affinität mögliche Bedienung (Lauff 2010, S. 59), die spannende und attraktive Leseerfahrung durch die konvergente Nutzung klassischer Medieninhalte (Best/Breunig 2011, S. 17f.; vgl. a. Mitchell et al. 2011, S. 12-14), die Optik und das Aussehen (Köcher 2011, S. 6) oder den innovativen Charakter und das Image (Kuhn/Bläsi 2011, S. 583; TFM 2011, S. 48f.). Lauff (2010, S. 13) führt in diesem Zusammenhang außerdem den psychologischen Drang der Nutzer nach dem „Besten“ und den grundsätzlichen Wunsch nach Optionenvielfalt an.

Dass der Tablet-PC tatsächlich den Charakter eines bequemen und einfach zu nutzenden Endgeräts trägt, konnten Mitchell et al. (2011) am Pew Research Centers in einer repräsentativen Studie mit mehr als eintausend Besitzern von Tablet-PCs zeigen. So fanden die Autoren für die nutzerseitigen Anwendungsroutinen und die User-Experience heraus, dass sich die Bedienung bei Tablet-PCs generell sehr schnell habitualisiert, ein sehr gutes Feedback für den Nutzer vorliegt oder das Lernen im Vergleich zu Websites deutlich leichter fällt (ebd., S. 12-16). Dabei ist der Lerneffekt von Nutzungsroutinen und der Navigation nicht nur besonders groß, er wirkt darüber hinaus in Form eines Enjoyments, wodurch die Nutzer Zufriedenheit oder auch Spaß während des Lernprozesses empfinden (ebd., S. 12).

Wie sich zeigt, ist die Erfahrung bei der Interaktion mit, und dem Lesen auf dem Tablet-PC eine vollkommen andere. Aufgrund ihrer guten User-Experience und der neuen Art der Bedienung haben sie - anders als z.B. Notebooks - mit den originären Mechanismen des WWW ebenso wenig gemein, wie mit der statisch-linearen Form der Inhalteaufbereitung von gedruckten Texten und klassischen Zeitungen. Folglich wundert es nicht, dass die Nutzungszahlen von Tablet-PCs nicht nur stetig zunehmen, sondern in Teilen auch die bis dato beim Online-Medienkonsum vorherrschenden Geräte Notebook und Desktop-PC verdrängen (vgl. z.B. Bitkom 2011a). Das Casual-Device Tablet-PC spricht durch seine Handlichkeit, Fehlertoleranz und einen hohen Lerneffekt eine breite Zielgruppe an und eignet sich besonders gut für freizeitspezifische Tätigkeiten. Doch können Zeitungsanbieter in diesem Marktsegment partizipieren und die funktionellen und nutzungsspezifischen Vorteile dieser Geräte ökonomisch monetarisieren?

4. *Paid Content: Doch ein funktionierendes Erlösmodell?*

Die Idee der Zeitungen, neben der Print-Zeitung auch Geld für Inhalte im Internet zu verlangen ist nicht neu: Bereits in den Jahren 2000 bis 2003 stellten viele Verlage ihr Contentangebot im Internet gegen Entgelt zur Verfügung - mit wenig Erfolg: Nach einem signifikanten Rückgang der Reichweite setzte sich bei fast allen Anbietern ein unentgeltlicher Zugang nebst Werbeerlösmodellen durch (vgl. Pasquay 2010, S. 5), der im Internet auch heute noch dominiert. Doch wie bereits diskutiert, reicht der Online-Werbemarkt zur Refinanzierung journalistischer Angebote bei weitem nicht aus (vgl. a. Meyer-Lucht 2010c) und hinsichtlich der Bewertung von Internetangeboten durch die Nutzer ist nach wie vor zu konstatieren, dass die Majorität der Nutzer nicht bereit ist, für Journalismus im Internet zu bezahlen (vgl. Neuberger 2012, S. 52).

Folglich überrascht es nicht, dass kein anderer Bereich der Bezahlinhalte bei den Verlagen so viel Hoffnung und so große Erwartungen weckt, wie das neue Marktsegment um das Casual-Device Tablet-PC (vgl. Riefler 2010c, S. 98). Immerhin genießt die journalistische Berichterstattung im Internet einen grundsätzlich hohen Stellenwert, denn Nachrichten aus der Region und zum Weltgeschehen gehören zu den populärsten Inhalten im Internet und auf Casual-Devices (AGOF 2011, S. 13). Bei den Online-Angeboten zur Informationsbeschaffung liegen die Angebote von Tageszeitungen immerhin auf Platz zwei (Bitkom 2011c, S. 35), wobei die Nachrichten meist täglich oder sogar mehrfach täglich abgerufen werden (Neuberger 2012, S. 42).

Ob jedoch seitens der Nutzer im mobilen Marktsegment und bei Tablet-PCs eine ausreichende Zahlungsbereitschaft vorliegt, wird im Wesentlichen von zwei verschiedenen Dimensionen determiniert. Zum einem von dem durch das Endgerät und seiner Charakteristika hervorgehenden Nutzen und dem daraus resultierenden Mehrwert für den Rezipienten, zum anderen durch die Art der Nutzerschaft selbst.

Zwar ist die Erforschung der Nutzer im mobilen Marktsegment im Vergleich mit der im Internet eher wenig ausgeprägt, dennoch lassen sich einige empirische Befunde als reliabel und valide festhalten. Auffällig dabei ist, dass die Charakteristika der mobilen Internetnutzer - und im Speziellen der Tablet-PC-Besitzer - gegenüber der Majorität der Onlinenutzer in vielen Aspekten divergiert (siehe Tabelle 1). Viele davon sind gerade für die Anbieter von Tageszeitungen unter dem Aspekt der Zahlungsbereitschaft für mobile Angebotsformen bedeutsam:

Tabelle 1: Studienübersicht zur Nutzung von Tablet-PCs. Quelle: Eigene Darstellung

Studie und Institut	**Repräsentativ**	**Empirische Befunde**	
Mobile: Neue Dimensionen der Internetnutzung Institut für Demoskopie Allensbach	Ja	• Überproportional hohe Technik-Affinität • Innovations- und qualitätsorientiert • Print-Affinität und überproportional große Nachfrage nach (Print-) Nachrichten • Generell mehr Käufe über das Internet • Höhere Zahlungsbereitschaft für digitalen Content im Vergleich mit allen Internetnutzern • Höhere formale Bildung	Köcher 2011; Schneller 2011
Das Mobile-Web auf dem Web in den Massenmarkt? Axel Springer AG	Nein	• Hohe Technik-Affinität • Höherer Bildungsgrad und • Höheres Einkommen als die Gesamtheit der Onlinenutzer in Deutschland • Hauptsächlich männliche Nutzer (72%) • Größte Verbreitung bei den 14- bis 24-Jährigen (17,2%) bzw. den 25- bis 39-Jährigen (12,6%)	Treffenstädt 2010
Mobile Internet-	Ja		Initiative D21 2012

nutzung - Entwicklungsschub für die digitale Gesellschaft? Initiative D21		• Verbringen vergleichsweise mehr Zeit im Internet und mit digitalen Inhalten • Höhere Zahlungsbereitschaft für digitale Inhalte • Höhere formale Bildung	
The Tablet Revolution and What it Means for the Future of News Pew Research Center	Ja (US-Markt)	• Überproportional häufige Nutzung seitens der Tablet-PC-Besitzer von Print-Nachrichten • Häufigerer Konsum von Nachrichten-Inhalten nach Anschaffung eines Tablet-PCs • Nutzung von Nachrichten oder Nachrichten-Apps auf dem Tablet bei 53% der Befragten • Überdurchschnittlicher Anteil an Hochschulabsolventen • App-Nutzer sind eher bereit für News zu bezahlen (27%) als Browser-Nutzer (5%) • Überdurchschnittliches Einkommen	Mitchell et al. 2011
The Rise of Apps Culture Pew Research Center	Ja (US-Markt)	• Höhere formale Bildung und höheres Einkommen bei App-Nutzern	Purcell et al. 2010

Zweifellos geht dieser positive Trend bei der Akzeptanz digitaler Bezahlinhalte auch mit der zunehmenden Durchdringung und Nutzungsintensität des Internets per se einher. Mit der intermedialen und omnipräsenten Rolle des Internets heute, hat sich ein neuer Stellenwert bei der Wertschätzung digitaler Informationsgüter manifestiert. So gibt es beispielsweise deutliche Anzeichen dafür, dass die Bereitschaft für (journalistische) Inhalte im Internet zu bezahlen im langfristigen Trend seit Jahren zuverlässig und stetig zunimmt, wie eine Langzeitstudie der Universität Karlsruhe (vgl. Krüger et al. 2010; Kettler et al. 2008) in einem über zehn Jahre dokumentierten Trend zeigen konnte. Häufig verwendete Termini wie eine "Gratismentalität" im Internet treffen weder zu, noch wird das Phänomen ausreichend beschrieben. Denn die Basis der Diskussion über Paid-Content ist heute eine grundlegend andere als noch vor einigen Jahren. Dies schafft neue Möglichkeiten für Verlage ein tragfähiges Geschäftsmodell neben den Werbeerlösen zu etablieren.

Wichtige nutzerseitige Einflussfaktoren sind diesbezüglich die ökonomische Ressourcenausstattung, vor allem aber die Wertschätzung der digitalen Inhalte.

Gerade Letzteres spricht für die besondere Eignung von Casual-Devices und macht die zentrale Rolle von Tablet-PCs deutlich: Die gegenüber klassischen Print-Produkten konvergente und heterogene - und gegenüber dem Web innovative Art - der Inhalteaufbereitung und Bedienung, ermöglicht neue Nutzungskontexte und Rezeptionsmodi. Sie führt zu einer neuen Leseerfahrung, die im Kern den subjektiven Mehrwert bei den Nutzern dieser Angebotsformen ausmacht und zu Zahlungsbereitschaft führt. Dies zeigt sich auch in den empirischen Befunden: So wird der monetäre Wert von digitalen Inhalten auf dem Tablet-PC weitestgehend kongruent zu dem von klassischen Print-Zeitungen bewertet. In der bereits erwähnten Studie des Pew Research Centers sehen beispielsweise lediglich 5% der Befragten den ökonomischen Wert von Nachrichten über Apps als geringer an, als den von Print-Nachrichten (Mitchell et al. 2011, S. 13-14). Ein Wert, der sich für klassische Websites im Online-Umfeld nicht ergibt.

Darüber hinaus weisen Tablet-PCs eine gewisse Print-Affinität auf und eignen sich besonders gut für Zeitungsinhalte. Auf die Frage, ob der Tablet-PC geeignet für die Konsumtion von Nachrichten ist, geben 82% der Befragten (n=894) ein positives Feedback (Mitchell et al. 2011, S. 12). Besonders bedeutsam für Zeitungen ist dabei auch die überproportionale Ausstattung an Tablet-PCs bei der jüngeren Nutzerschaft, beispielsweise bei den 14- bis 29-Jährigen (Zickuhr 2011, S. 14; Treffenstädt 2011, S. 36). Diese Zielgruppen gelten für die Tageszeitungen als besonders problematisch und weisen mit einem Blick auf Absatzzahlen und Reichweite die stärkste Regression auf (vgl. Pasquay 2011). Für das Internet und Tablet-PCs gilt es jedoch als erwiesen, dass die Zahlungsbereitschaft positiv mit dem Alter korreliert und die jüngeren Zielgruppen eher bereit sind, für digitale und „mobile" Informationsgüter zu bezahlen (vgl. z.B. Meyer-Lucht 2010b, S. 12; ACTA 2009; Bitkom 2011c).

Dass sich aus strategischer Sicht die Partizipation an diesem Markt für Zeitungen eignet scheint evident: Tablet-PCs bieten Heterogenität bei der Nutzerschaft und sprechen im Vergleich zum Print-Segment die junge Leserschaft an. Tablet-PCs schaffen neue Rezeptionssituationen und Nutzungskontexte, tragen dem Trend der zunehmenden mobilen Nutzung des Internets Rechnung und ermöglichen die zeit- und ortsflexible Verwendung, die den typischen Nutzungsformen von Zeitungen gegenüberstehen. Sie ermöglichen als konvergentes Medium die Distribution von crossmedialem Content und werten die Inhalte der Zeitung subjektiv auf. Auch eignen sie sich unter konzeptuellen Gesichtspunkten für Zeitungsverlage.

Während beispielsweise der E-Reader als ein Äquivalent der Print-Inhalte zu verstehen ist, ermöglichen Tablet-PCs eine neue Form der Rezeption von Inhalten, die nicht direkt in Konkurrenz zu Print-Produkten steht und ohnehin keinen gleichwertigen Ersatz oder die oft gefürchtete Substitutionskonkurrenz darstellt. Wie die Forschungsgruppe des Pew-Research-Centers zeigen konnte, substituiert die Tablet-PC-Nutzung vor allem die Konsumtion von News über den klassischen Desktop-PC (90%), also das Marktsegment, das für Zeitung derzeit den schwierigsten Erlösträger darstellt (Mitchel et al. 2011, S. 4). Hierzu kommt, dass App-Nutzer eher bereit sind, für News zu bezahlen (27%) als Browser-Nutzer (5%) und ihre Mediennutzungszeit sich gegenüber der des PCs diametral verhält (ebd.; Horrigan 2009). Die Majorität der Nutzer ("Selektiver Textleser", 58%) verwenden ohnehin Tablet-PC als auch die Print-Zeitung komplementär und entwickeln für spezifische Textsorten keine eindeutige Präferenz (Kuhn/Bläsi 2011, S. 588f.). Die Nichtnutzer von Print-Zeitungen verwenden das Online-Angebot an journalistischen Inhalten ohnehin nicht intensivier, als die Vielnutzer von Tageszeitungen (Neuberger 2012, S. 53). Darüber hinaus sind es sogar 30% die angeben, seit Besitz des Tablett-PCs auch über das Print-Segment mehr Nachrichten von Zeitungen zu konsumieren (Mitchell et al. 2011, S. 1f.).

Die wohl größte Chance bietet aber die Zahlungsbereitschaft. Bereits mit einem Blick auf das Internet zeigt sich diesbezüglich ein positiver Trend. Die Zahlungsbereitschaft im Internet hat in den vergangenen Jahren deutlich zugenommen, sowohl für journalistische Inhalte (Burger 2011; Kettler et al. 2008; Krüger et al. 2010), als auch für digitale Informationsgüter per se (Meyer-Lucht 2010b, S. 9). Besonders groß ist die Zahlungsbereitschaft jedoch bei den Tablet-PC-Nutzern, von welchen mehr als die Hälfte (Köcher 2011: 56%; Purcell et al.: 53%) kostenpflichtige Programme und Apps verwenden. Der positive Trend bei der Zahlungsbereitschaft geht mit der gestiegenen Reichweite und Nutzungsintensität des Internets einher. Die oft postulierte „Gratiskultur im Internet" ist wenig zutreffend und empirisch nicht darstellbar. Interessant dabei ist der Umstand, dass die Zahlungsbereitschaft im Internet und bei mobilen Angeboten mit dem Alter korreliert und bei den jüngeren Nutzern deutlich höher ist (ACTA 2009; Bitkom 2011c; Meyer-Lucht 2010b, S. 12). Da Tablet-PCs und mobile Medien besonders bei der jüngeren Zielgruppe beliebt sind (vgl. van Eimeren/Frees 2011, S. 338f.; Zickuhr 2011, S. 14) und dort auf eine nicht zu unterschätzende Zahlungsbereitschaft treffen, ergibt sich für Zeitungen eine interessante Strukturkonstellation, berücksichtigt man die problematisierte Rolle der Zeitung bei dieser Zielgruppe. Erwähnt sei außerdem, dass die Besitzer digitaler Lesegeräte nicht nur ein erhöhtes Interesse an Medienprodukten besitzen, sondern sich diese im monetären Sinne auch leisten können (Kuhn/Bläsi 2011, S. 583) und die Nutzer zudem überdurchschnittlich printaffin sind (Köcher et al. 2011, S. 22f.).

5. *News-Apps: Publizieren auf Tablet-PCs*

Eine neue Geräteklasse erfordert eine neue Art der Rezipientenansprache und eine Aufbereitung von Inhalten, die die Elemente aus Print- und Online-Segment ebenso beinhaltet wie völlig neue Konzepte bei der Gestaltung von Navigation, Layout und Bedienung.

Der Begriff "App" steht als Kunst- und Modewort für kleine Anwendungen, die auf mobilen Endgeräten wie Smartphones oder Tablet-PCs ablauffähig sind und speziell für diese Geräteklassen entwickelt wurden. Der Begriff ist nicht klar definiert, insbesondere fehlt eine wissenschaftliche Auseinandersetzung oder Diskussion (z.B. Lauff 2010; Bitkom 2011b, S. 5). Apps sind von sog. mobilen Websites abzugrenzen. Hierbei handelt es sich um browserbasierte Websites, welche für die kleinen Bildschirme konzipiert und für die im Vergleich zum stationären PC deutlich geringere Leistungsfähigkeit des Endgeräts optimiert sind. Apps müssen durch den Nutzer aktiv über die Plattform eines Intermediärs wie Google oder Apple ausgewählt, heruntergeladen und installiert werden; während die mobilen Websites schlicht durch die Eingabe der URL aufgerufen werden können. Im Gegensatz zu mobilen Websites werden Apps speziell für die jeweilige Geräteklasse entwickelt, wodurch auf die Funktionen von Gerät (z.B. lokale Speicherung von Daten) und Betriebssystem (z.B. Touch-Gestiken) zugegriffen, und damit die spezifischen Eigenarten genutzt werden können (Lauff 2010, S. 11). Mit dem Download werden die Apps autark auf dem Gerät gespeichert und bieten dem Nutzer damit die Möglichkeit, Inhalte zu personalisieren und ggf. die Art von Gestaltung und Bedienung den individuellen Wünschen und Bedürfnissen anzupassen (van Eimeren/Frees 2011, S. 339). Apps erfordern darüber hinaus überwiegend keine aktive Internetverbindung und da meist lediglich statische Elemente übertragen werden ist der Traffic geringer (Lauff 2010, S. 11). Apps bieten sowohl aus der Sicht des Rezipienten als auch aus anbieterseitiger Perspektive nachfolgende Vorteile:

Wenngleich beim Abruf von Nachrichten über den Tablet-PC noch der integrierte Web-Browser vorherrscht (Mitchell et al. 2011, S. 7) so präferieren die Rezipienten klar Inhalte, die speziell für das Gerät entwickelt wurden (Riefler 2010c, S. 99) und ziehen Apps bei der Konsumtion von Nachrichten gegenüber den mobilen Websites klar vor (Mitchell et al. 2011, S. 10ff.). News-Apps von Zeitungen und Zeitschriften gehören zu den beliebtesten App-Formaten (Purcell et al. 2010) und den am häufigsten genutzten Angeboten (Goldmedia 2011b). Aus anbieterseitiger Perspektive bieten sie grundsätzlich mehr Möglichkeiten zur Monetarisierung des Contents, indem vermehrt Bezahlinhalte etabliert werden können. Auf die hohe Zahlungsbereitschaft seitens der Rezipienten wurde bereits hingewiesen. Angemerkt sei diesbezüglich, dass für nahezu alle Dienste und Inhalte eine deutlich höhere Zahlungsbereitschaft vorliegt, wenn der Content in Form von Apps angeboten wird (Köcher 2011, S. 25).

Auf Seiten der Nutzer hat sich die intermediäre Vertriebsplattform des populären App-Stores von Apple längst etabliert, für den Kauf von digitalen Informationsgütern habitualisiert, die Zahlungsbereitschaft positiv beeinflusst und ein neues Vertriebsumfeld für Verlage geschaffen (vgl. Meyer-Lucht 2010b, S. 10f.). Der Durchschnittspreis einer gekauften App liegt bei immerhin 3,50 Euro (vanEimeren/Frees 2011, S. 339). Der App-Kauf erfüllt die zentralen Erfolgsfaktoren von Online-Bezahlinhalten aus Nutzersicht: Zu den wichtigsten gehören der bequeme Zugang sowie die schnelle und einfache Bezahlung (75%), Qualitätsinhalte (61%) und Verfügbarkeit (54%) (Riefler 2010b, S. 77f.). Die Nutzer akzeptieren, dass Apps konträr zu klassischen Webinhalten entgeltpflichtig sind und mitunter auch Abonnements erfordern.

In 2010 boten bereits mehr als Hälfte der Verlage (55%) Bezahlinhalte im Internet oder auf digitalen Lesegeräten an (Riefler 2010b, S. 62), wobei der Fokus klar auf den großen Verlagen mit einem entsprechend breiten Angebotsspektrum lag. Ökonomisch betrachtet ist dieser Umstand wenig überraschend: Durch die insbesondere bei digitalen Medienprodukten hohen First-Copy-Costs können durch eine hohe Ausbringungsmenge Skaleneffekte genutzt werden, um die anteilig hohen Kosten für die Beschaffung und Erstellung des Online-Content sowie das Packaging und die technische Produktion der Inhalte zu senken (Economys-of-Scale, Fixkostendegression). Die Relevanz der Reichweite ist digitalen Medienprodukten inhärent, weswegen es wenig überrascht, dass das Angebot an Bezahlinhalten stark mit der Größe des Verlages und der Reichweite des jeweiligen Print-Produktes korreliert: Von den Verlagen mit einer verkauften Auflage von über 200.000 Exemplaren sind es knapp 80%, die online Bezahlinhalte anbieten (Riefler 2010b, S. 64).

Ein ähnliches Bild zeigt sich bei der Nutzung von Apps für die Geräteklassen Tablet-PC und Smartphone: Von den großen, überregionalen Tageszeitungen in Deutschland boten 2011 knapp 54% der Anbieter eine App an (Trost/Schwarzer 2011, S. 115). Bei allen untersuchten Tageszeitungen in Deutschland sind es hingegen gerade einmal 19% (ebd.). Dies ist auch auf das sehr verbreitete E-Paper - ein weitestgehend konvergentes elektronisches Abbild der Print-Zeitung - zurückzuführen, das von 80% der Zeitungen in Deutschland angeboten wird (ebd., S. 109). Zwar sind bei E-Papern die strategischen Optionen im Sinne einer Mehrfachverwertung der Print-Inhalte unter ökonomischen Gesichtspunkten aussichtsreich und für die Verlage sinnvoll, doch entsprechen die Inhalte weder den Anforderungen an digitale Lesegeräte, noch den Wünschen der Nutzer. Zumal die Preise für das E-Paper mit denen der Print-Zeitung vergleichbar sind. (ebd., S. 110; Riefler 2010b, S. 73) Das Angebotsportfolio an Bezahlinhalten vieler Zeitungen scheint vor allem ökonomisch intendiert zu sein, während Nutzerschaft und Markumfeld mit seinen Geräteklassen oft nicht ausreichend Berücksichtigung finden. Dabei sind Bezahlinhalte für mobile Geräte bei den Verlagen hoch im Kurs: Bei einer durch den BDZV im Frühjahr 2010 unter den Mitgliedern durchgeführten Befragung geben 37% der Befragten an, eine App bzw. kostenpflichtige Inhalte seien geplant und weitere 54% können sich die Einführung in naher Zukunft vorstellen (Riefler 2010b, S. 71).

Daher soll zunächst ein holistischer Blick auf die Angebote an News-Apps von Zeitungen gelegt werden. Beim Umfang der Apps orientieren sich die Zeitungen im Wesentlichen an einem Auszug und veröffentlichen nicht denselben Umfang wie im gedruckten Blatt (vgl. Heijnk 2011, S. 92). Die Differenzierungsmöglichkeiten des Angebotsportfolios bei Apps eröffnen den Verlagen unterschiedliche Vertriebsstrategien, die sowohl die Einzelausgabe als auch das Abonnement umfassen. Zeitungen nutzen hauptsächlich den sog. In-App-Verkauf (vgl. Lauff 2010, S. 24f.). Dabei ist die originäre App der Zeitung zwar kostenlos, doch müssen einzelne Ausgaben der Zeitung innerhalb der App als Einzelausgabe oder im Abonnement bezogen werden.

Bezüglich der konzeptuellen Gestaltung der App und dem Layout lassen sich verschiedene Angebotsformen unterscheiden:

Tabelle 2: Vergleich unterschiedlicher App-Typen. Quelle: In Anlehnung an Heijnk 2011, S. 6; Schwab 2010.

Typ	**Originäres App-Konzept**	**Print-Äquivalent**	**Online-Äquivalent**
Orientierung an:	Neuartige Form	Print-Zeitung, E-Paper oder z.T. auch Buch	Online-Websites und Browser
Multimediale Inhalte:	Ja	Nein	Ja
Aktualisierung der Inhalte:	Pro Ausgabe (Kiosk)	Pro Ausgabe (Kiosk)	Meist fortlaufende Aktualisierung über Online-Verbindung
Seiteninhalte:	Monothematisch	Multithematisch	Multithemaisch/ Monothematisch
Inhaltsverzeichnis:	Ja	Nein, nur Titelseite	Ja
Umfang (Inhalte):	Mittel	Groß	Mittel
Navigation (Texte und Artikel):	Vielfältig, mehrere	Horizontales Blättern	Text wird vertikal „gescrollt“
Menüleiste:	Unterschiedlich positioniert	Meist ohne Menüleiste	Meist oben positionierte Menüleiste
User-Experience:	Eher gering	Eher groß	Eher gering
Beispiele:	Frankfurter Rundschau	Handelsblatt, Hannoversche Allgemeine, Die Zeit	Die Welt, W&V, Kiosk, Focus

Print-Äquivalente orientieren sich beim Layout an gedruckten Zeitungen und gestalten die Inhalte weitestgehend kongruent. Angeboten werden diese Typen meist in einem dem PDF ähnlichen Format. Für den Nutzer ist dieser Typus zwar bei der Einarbeitungszeit vorteilhaft, da aus der Zeitungswelt bekannte Navigationskonzepte eingesetzt, und die sich dort habitualisierte Bedienung aufgegriffen wird. Allerdings werden diese Apps aufgrund ihres statischen Layouts von den Nutzern als wenig attraktiv empfunden (Heijnk 2011, S. 13). Die große Datenmenge und die meist unscharfe Darstellung führt auf Tablet-PCs darüber hinaus zu einer mäßigen Selbstbeschreibungsfähigkeit, einer geringen Performanz (Schwab 2010, S. 28f.), sowie zu langsamen Suchvorgängen und wenig komfortablen Interaktionsmechanismen (Heijnk 2011, S. 6f.).

Auch die Online-Äquivalente setzten auf Vertrautes und orientieren sich am Layout von Zeitungswebsites. Die Orientierung an Online-Standards und seinen gängigen Konventionen scheint unter Gesichtspunkten der User-Experience zwar sinnvoll, doch führt die Adaption des mentalen Modells der Nutzer bei der Bedienung von Websites häufig zu Problemen. Beispielsweise werden Hyperlinks vermutet, wo keine sind oder es fehlen typische Navigationsmechanismen wie die Suchfunktion (vgl. Heijnk 2011, S. 9f.). Zwar ist anzunehmen, dass die Bedienung schnell erlernt wird und sich geeignete Nutzungsroutinen habitualisieren, doch wird auch dieser Typus dem Medium Tablet-PC nur in rudimentärer Form gerecht. Hierzu kommt, dass die App meist nur bei aktivem Internetzugang verwendet werden kann (ebd., S. 12).

Einen anderen Weg gehen die originären App-Konzepte. Sie greifen die Besonderheiten des Tablet-PCs auf und ermöglichen interaktive Bedienungsmöglichkeiten und neue Nutzungsroutinen. Sie bieten eine für den Nutzer attraktive Darstellung der Inhalte, sind multimedial und multithematisch aufgebaut, vielseitig animiert und umfassen meist auch Suchfunktion und Inhaltsverzeichnis. Bedienung und Interaktion ist auf Touch-Gestiken ausgelegt, die beispielsweise horizontales und vertikales Wischen ermöglichen. Seitens der Nutzer erzielen sie die längsten Verweilzeiten und erhalten die beste Bewertung (Heijnk 2011, S. 79). Eine zentrale Rolle spielt dabei die berührungsempfindliche Bedienoberfläche des Tablet-PCs: Touch-Gestiken und Animationen animieren den Leser dabei sowohl zur Rezeption als auch zur Interaktion und gestalten das Leseerlebnis positiv im Sinne des Joy-of-Use.

6. Reflexion

Der Trend verweist auf die Koexistenz verschiedener (digitaler und analoger) Medien, die im Aggregat die Informationsbedürfnisse ihrer Nutzer über verschiedene mediale Märkte hinweg befriedigen. Paradigmatisch stehen dabei Apples iPhone und iPad für ein neues Marktsegment und die mobile Nutzung des Internets. Tablet-PCs wie der iPad erschließen der digitalen Distribution neue Nutzungskontexte und bieten Zeitungen die Möglichkeit der Penetration eines neuen, erfolgsversprechenden Marktes, den des mobilen Internets. Da rezipientenseitig die Inhalte wertgeschätzt werden und überwiegend auch Zahlungsbereitschaft vorliegt, sind Tablet-PCs als Distributionsmedium für Zeitungen bei weitem aussichtsreicher als die klassische Online-Website oder das Smartphone. Evident ist aber auch dass der Tablet-PC kein neues Medium zur komfortablen Mehrfachverwertung originärer Print-Inhalte darstellt. PDF-Äquivalente sprechen zeitungsspezifische Zielgruppen an und sind nicht für die Distribution auf dem Tablet-PC geeignet. Auch Apps, die lediglich die mobile Website der Zeitung aufrufen, sind missglückte Versuche am Markt der Casual-Devices zu partizipieren, zumal sich nur schwer Zahlungsbereitschaft realisieren lässt.

Print-Inhalte müssen speziell für dieses Medium produziert, inhaltlich und multimedial aufbereitet und angereichert werden, um für die Rezipienten attraktiv zu sein und die durchaus existenten Erlöspotentiale nutzen zu können. Das Resultat dieses Konzeptions- und Distributionsprozesses ist keine Print-Zeitung, kein Buch, kein PDF-Dokument und keine Online-Website; sondern ein für den Tablet-PC zugeschnittenes und inhaltlich diversifiziertes "App-Produkt", das spezifischen Eigenarten dieser Geräteklasse gerecht wird.

Da der Tablet-PC von den Nutzern komplementär und nur selten exklusiv genutzt wird, bieten sich - auch um die mittelbare Gefahr einer Substitution des Print-Produkts zu nivellieren - aus strategischer Sicht entsprechende Bündelangebote zwischen dem Print-Mutterprodukt und seinem digitalen Äquivalent an. Synergetische und kostenzentrierte Überlegungen, wie die reine Mehrfachverwertungsstrategie der Print-Inhalte - die noch in vielen Fällen zu finden ist - scheinen hingegen wenig adäquat. Ein neues Distributionsmedium, eine heterogene Zielgruppe mit anderen Rezeptions- und Nutzungsroutinen und dem durchaus gerechtfertigten Anspruch an eine dem Endgerät angemessene Präsentation, verweisen auf ein autarkes Produkt. Dieses ist nötig um die großen Potentiale des mobilen Internets und der Tablet-PCs nutzen zu können; denn diesbezüglich ist die Studienlage eindeutig: Junge Nutzerschaft, überdurchschnittliche formale Bindung und potentes Einkommen, zunehmende Zahlungsbereitschaft sowie eine hohe Medien- und Printaffinität.

Bei der Refinanzierung der Inhalte scheint die auf die Werbefinanzierung zentrierte Perspektive der Verlage im Online-Segment ausgedient. Die Zahlungsbereitschaft für attraktive Inhalte ist im Internet nicht nur konstitutiv, sondern bewegt sich auf einem durchaus kongruenten Niveau mit dem der Print-Zeitung. Die schnelle, unkomfortable und sich habitualisierte Zahlung im App-Store oder anderer intermediärer Vertriebsplattformen trägt ebenfalls zur Akzeptanz des Bezahlmodells bei den Nutzern bei.

Wenngleich ein Massenmarkt zumindest kurzfristig nicht zu erwarten ist, so scheint sich das mobile Internet sukzessive und langfristig zu einem zentralen Wirtschaftsfaktor zu entwickeln. Zu erwarten ist künftig eine wohl noch weiter zunehmende Penetration des mobilen Marktes mit Tablet-PCs, die langfristig zu geringeren Preisen für Endgeräte und einer größeren Abdeckung innerhalb der Gesellschaft führen dürfte. In diesem Zuge lassen sich Skaleneffekte nutzen und die anteilig hohen Fixkosten für die journalistische Produktion des digitalen Contents signifikant senken. Dies gilt allerdings nur dann, wenn das Geschäftsfeld ex ante ausgebaut und eine entsprechende Reichweite für das eigene Produkt geschaffen wird.

Literaturverzeichnis

AGOF (2011): Berichtsband zur AGOF mobile facts 2010. http://www.agof.de/index.download.eb7aab82c8b0443a1a2041d43a87eada.pdf. Letzter Abruf: 11.03.2012

ARD/ZDF (2012): Grundcharakteristik MedienNutzertypologie 2.0 zur ARD/ZDF-Onlinestudie. http://www.ard-zdf-onlinestudie.de/index.php?id=302. Letzter Abruf: 13.03.2012

Best, S./Breunig, C. (2011): Parallele und exklusive Mediennutzung. Ergebnisse auf Basis der ARD/ZDF-Langzeitstudie Massenkommunikation. In: Media Perspektiven, Nr. 1/2011: S. 16-35

Bitkom (2011a): Tablet-PCs boomen. Presseinformation Bitkom. http://www.bitkom.org/files/documents/BITKOM_Presseinfo_Tablet-PC-Markt_27_02_2011_v2.pdf. Letzter Abruf: 10.03.2012

Bitkom (2011b): Mobile Anwendungen in der ITK-Branche. Umfrage-Ergebnisse. http://www.bitkom.org/files/documents/App_Studie_20110511_einzel.pdf. Letzter Abruf: 10.03.2012

Bitkom (2011c): Netzgesellschaft. Eine repräsentative Untersuchung zur Mediennutzung und dem Informationsverhalten der Gesellschaft in Deutschland. http://www.bitkom.org/files/documents/BITKOM_Publikation_Netzgesellschaft.pdf. Letzter Abruf: 10.03.2012

Burger, D. (2011): iPad, Apps & Co. - Chancen für Print-Verlage im Web. Vortrag und Podisumsdiskussion. München: Medientage München 2011

Goldmedia (2011a): Goldmedia Trendmonitor 2012. Trends in den Bereichen Medien, Entertainment, Internet, Social Media und Telekommunikation. http://www.goldmedia.com/uploads/media/Goldmedia_Trendmonitor_2012_01.pdf. Letzter Abruf: 10.03.2012

Goldmedia (2011b): Mobile Monitor 2011. Wichtigste Ansprüche der Nutzer an ihre Smartphones: Gute Bedienbarkeit und viele Apps. Presseinformation. http://www.goldmedia.com/presse/newsroom/mobile-monitor-2011.html. Letzter Abruf: 19.03.2012

Groth, O. (1965): Die unerkannte Kulturmacht. Ein System der Zeitungswissenschaft. Bd. 1. Berlin: De Gruyter

Heijnk, S. (2011): Da kann man die Zeitung fast abschaffen!. Junge Leser und Zeitungs-Apps. Fachhochschule Hannover. http://www.fh-hannover.de/fileadmin/media/doc/f3/Studium/Bachelor/Bachelor_IK/bjo/bjo_Studixx/Stefan_Heijnk_iPad-Nutzungsstudie_110928_final.pdf. Letzter Abruf: 09.03.2012

Horrigan, J. (2009): The Mobile Difference. Wireless connectivity has drawn many users more deeply into digital life. Pew Internet & American Life Project. http://www.pewinternet.org/~/media/Files/Reports/2009/The_Mobile_Difference.pdf. Letzter Abruf: 12.03.2012

Initiative D21 (2012): Mobile Internetnutzung. Entwicklungsschub für die digitale Gesellschaft?. Eine Sonderstudie im Rahmen des (N)ONLINER Atlas 2012. http://www.initiatived21.de/portfolio/mobile-internetnutzung. Letzter Abruf: 03.03.2012

Köcher, R. (2011): Mobile: Neue Dimensionen der Internetnutzung. Präsentation zur ACTA 2011. Hamburg: Institut für Demoskopie Allensbach

Krüger, M./Leibold, K./Smasal, D. (2010): Internet-Zahlungssysteme aus Sicht der Verbraucher. Online-Umfrage IZV8. Universität Karlsruhe

Kuhn, A./Bläsi, C. (2011): Lesen auf mobilen Lesegeräten 2011. Ergebnisse einer Studie zum Lesen digitaler Texte. In: Media Perspektiven, Nr. 12/2011: S. 583-591

Lauff, W. (2010): Publizieren auf Casual Devices. Die Tageszeitung auf iPad, iPhone, E-Reader und Co.. Berlin: BDZV

Mende, A./Oemilchen, E./Schröter, C. (2012): Medienübergreifende Informationsnutzung und Informationsrepertoires. Fernsehen, Radio, Zeitung und Internet im Vergleich. In: Media Perspektiven, Nr. 1/2012: S. 2-17

Meyer-Lucht, R. (2010a): Zukunftsthema Bezahlinhalte - Wie groß ist die Chance auf Erlöse. In: Riefler, K./Meyer-Lucht, R.: Paid Content - Welche Bezahlmodelle funktionieren? Berlin: BDZV: S. 4-23

Meyer-Lucht, R. (2010b): Markt- und Nutzungsbetrachtung: der Lesermarkt für Bezahlinhalte und die Nutzung von Zeitungswebsites. In: Riefler, K./Meyer-Lucht, R.: Paid Content - Welche Bezahlmodelle funktionieren? Berlin: BDZV: S. 9-23

Meyer-Lucht, R. (2010c): Werbefinanzierung versus Bezahlinhalte: zur ökonomischen Theorie des Paid Content. In: Riefler, K./Meyer-Lucht, R.: Paid Content - Welche Bezahlmodelle funktionieren? Berlin: BDZV: S. 24-36

Mitchell, A./Leah, C./Rosenstiel, T. (2011): The Tablet Revolution and What it Means for the Future of News. Project for Excellence in Journalism. Washington: Pew Research Center

Mögerle, U. (2009): Substitution oder Komplementarität? Die Nutzung von Online- und Print-Zeitungen im Wandel. Konstanz: UVK

Neuberger, C. (2012): Journalismus im Internet aus Nutzersicht. Ergebnisse einer Onlinebefragung. In: Media Perspektiven, Nr. 1/2012: S. 40-55

Pasquay, A. (2011): Die deutschen Zeitungen in Zahlen und Daten. Auszug aus dem Jahrbuch "Zeitungen 2011/12". Berlin: BDZV

Purcell, K./Entner, R./Hendersen, N. (2010): The Rise of Apps Culture. Pew Research Center's Internet & American Life. Project/Nielsen. http://www.pewinternet.org/Reports/2010/The-Rise-of-Apps-Culture/Overview.aspx. Letzter Abruf: 12.03.2012

Ridder, C.-M./Engel, B. (2010): Massenkommunkation 2010. Mediennutzung im Intermediavergleich. Ergebnisse der 10. Welle der ARD/ZDF-Langzeitstudie zur Mediennutzung und -bewertung. In: Media Perspektiven, Nr. 11/2010: S. 524-536

Riefler, K. (2010a): Wer zahlt wofür? Zeitungsmodelle für Bezahlinhalte. In: Riefler, K./Meyer-Lucht, R.: Paid Content - Welche Bezahlmodelle funktionieren? Berlin: BDZV: S. 37-61

Riefler, K. (2010b): Zukunftsthema Bezahlinhalte - Ergebnisse der Verlagsbefragung. In: Riefler, K./Meyer-Lucht, R.: Paid Content - Welche Bezahlmodelle funktionieren? Berlin: BDZV: 62-84

Riefler, K. (2010c): Paid Content - Handlungsoptionen aus Sicht von Katja Riefler. In: Riefler, K./Meyer-Lucht, R.: Paid Content - Welche Bezahlmodelle funktionieren? Berlin: BDZV: 92-101

Roger, E. M. (1983): Diffusion of Innovations. New York: Free Press

Schneller, J. (2011): Das Zusammenspiel von Offline- und Online-Werbemedien: Print - Online - Mobile - Apps. Präsentation zur ACTA 2011. Hamburg: Institut für Demoskopie Allensbach

Schwab, C. (2010): Navigation in News-Apps für iPad & Co. Auf der Suche nach nutzerfreundlichen Standards. Präsentation World Usability Day Berlin 2010. Berlin: Goldmedia Custom Research

Spreen, A. F. (2009): Determinanten der Nutzerzufriedenheit mit journalistischem Paid Content im WWW. Eine empirische Analyse anhand des Partial Least Squares-Verfahrens. Hamburg: Verlag Dr. Kovac

Stiftung Lesen (2008): Lesen in Deutschland 2008. Berlin: Bundesministerium für Bildung und Forschung

Treffenstädt, A. (2010): Das Mobile-Web auf dem Weg in den Massenmarkt?. Axel Springer AG. http://www.verbraucheranalyse.de/downloads/50/VA2010_Vortrag_Mobile_Web.pdf. Letzter Abruf: 10.03.2012

Treffenstädt, A. (2011): New Media - nur für junge Zielgruppen?. Axel Springer AG. http://www.verbraucheranalyse.de/downloads/65/Vortrag_New_Media_und_%C3%84ltere. pdf. Letzter Abruf: 10.03.2012

Trost, K. E./Schwarzer, B. (2011): Social Web auf Online-Portalen deutscher Zeitungen. Eine empirische Untersuchung des Nutzungsverhaltens. Baden-Baden: Nomos

van Eimeren, B./Frees, B. (2011): Drei von vier Deutschen im Netz - ein Ende des digitalen Grabens in Sicht?. In: Media Perspektiven, Nr. 7-8/2011: S. 334-349

van Eimeren, B./Ridder, C.-M. (2011): Trends in der Nutzung und Bewertung der Medien 1970 bis 2010. Ergebnisse der ARD/ZDF-Langzeitstudie Massenkommunikation. In: Media Perspektiven, Nr. 1/2011: S. 2-15

Zickuhr, K. (2011): Millenials. A Portrait of Generation Next. Confident Connected. Open to Chance. http://www. pewsocialtrends.org/assets/pdf/millennials-confidentconnectedopen-to-change.pdf. Letzter Abruf: 12.03.2012

Der Erlösmix digitaler Zeitungsverlage - Chancen und Herausforderungen der Monetarisierung am Beispiel von ZEIT ONLINE

Enrique Tarragona[*], *Mareike Birkhahn*[**]

1. Einführung

Der ZEIT Verlag ging bereits 1996 mit seiner Website www.zeit.de online und gründete drei Jahre später die Tochterfirma ZEIT ONLINE GmbH. Das Web-Angebot beschäftigt eine eigenständige Redaktion, die in Abstimmung mit der Printredaktion der Wochenzeitung DIE ZEIT arbeitet, jedoch redaktionell unabhängig vom Wochentitel publiziert. Knapp 20 Prozent der Reichweite von ZEIT ONLINE stammen aus Zugriffen auf Inhalte der Print-Ausgabe, über 70 Prozent werden über originären Online-Content erzielt.

ZEIT ONLINE bietet ein breites Spektrum an Themen. Klassische Ressorts wie Politik, Kultur, Wirtschaft und Wissen werden durch Themenfelder wie Mode, Essen & Trinken und Digital ergänzt. Die Kernkompetenz von ZEIT ONLINE liegt in der analytischen Einordnung des Weltgeschehens, in pointierten, meinungsstarken Kommentaren sowie in exzellentem visuellen Design. Für mobile Endgeräte wie Smartphones und Tablets werden jeweils optimierte Versionen der Website angeboten.

Der Austausch zwischen Redakteuren und Lesern hat bei ZEIT ONLINE einen besonders hohen Stellenwert. Leserdebatten finden nicht nur im Kommentarbereich unter den Artikeln auf www.zeit.de, sondern auch via Facebook, Twitter und Google+ statt. Über diese Wege werden Meinungen, Themenideen, Anregungen oder auch Hinweise auf z. B. technische Fehler auf der Website von Lesern in die redaktionelle Arbeit aufgenommen. Der Austausch wird von einem Moderatoren-Team betreut und moderiert. Qualifizierte Leserartikel werden nach Durchlaufen der redaktionellen Prüfung, grafischen Aufbereitung und des Korrektorats gleichwertig zu anderen Artikeln in den redaktionellen Korpus aufgenommen und ausgespielt.

* Enrique Tarragona / Leitung Produktmanagement, Mitglied der Geschäftsleitung ZEIT ONLINE GmbH

** Mareike Birkhahn / Produktmanagement ZEIT ONLINE GmbH

Aktuelle Nachrichten sind im Internet eine Selbstverständlichkeit. Die Leserinnen und Leser von ZEIT ONLINE können sich darauf verlassen, jede relevante Nachricht sofort präsentiert zu bekommen, gleichzeitig aber nicht mit irrelevantem „Nachrichtenlärm“ behelligt zu werden. Der bewusste Verzicht auf Boulevard ist elementarer Bestandteil der Inhalte-Strategie: „Wachstum nicht um jeden Preis, sondern in der relevanten Zielgruppe“.

ZEIT ONLINE ist damit die am schnellsten wachsende deutschsprachige Plattform für anspruchsvollen Online-Journalismus. In den letzten zwei Jahren konnte die Summe der Besuche auf der Website um über 50 Prozent auf mehr als 25 Mio. Visits im September 2012 gesteigert werden (IVW, 09/2012). Monatlich besuchen knapp 4,6 Mio. Unique User das Angebot (AGOF, 08/2012). Etwa 40 Prozent der Leserinnen und Leser sind unter 30 Jahre alt. Die Leserschaft von ZEIT ONLINE und DIE ZEIT überschneidet sich nur zu etwa 6 Prozent, so dass die Gesamtreichweite der Marke ZEIT durch das Online-Angebot nahezu verdoppelt wird.

Neben der Refinanzierung der Website, verantwortet die ZEIT ONLINE GmbH auch den Vertrieb der digitalen ZEIT-Ausgaben in diversen technischen Formaten wie beispielsweise E-Paper, Apps, Audio und E-Reader-Formaten. Damit liegen beide Geschäftsmodelle, die Vermarktung von Reichweite und der digitale Vertrieb kostenpflichtiger Produkte an Endkunden, in der Verantwortung der ZEIT ONLINE GmbH, auch wenn die redaktionelle Wertschöpfung nicht ausschließlich in der Onlineredaktion erbracht wird. Im Folgenden wird auf beide Geschäftsbereiche separat eingegangen.

2. *Das klassische Erlösmodell: Die Vermarktung von Reichweite*

Das „klassische“ Geschäftsmodell von Online-Nachrichtenangeboten ist die Vermarktung der Reichweite. Sprich: die Websites fungieren als Werbeträger, auf denen Werbetreibende kostenpflichtig Ihre Werbebotschaft in bestimmten Umfeldern und für bestimmte (selektierte) Zielgruppen platzieren. Dabei wird stets auf die Aufrechterhaltung der redaktionellen Unabhängigkeit geachtet. Ein Werbekunde kann und darf keinerlei Einfluss auf die redaktionelle Berichterstattung ausüben.

Die verschiedenen Modelle der Reichweitenvermarktung lassen sich grundsätzlich entweder nach dem Umfeld der Werbemittelintegration (z. B. im redaktionellen Umfeld vs. in einem speziellen Anzeigenmarkt) oder nach dem Abrechnungsmodell (Abrechnung nach Sichtkontakten vs. Abrechnung nach definierter Useraktion) unterscheiden. Eine übliche Klassifizierung aus Sicht der

Werbekunden ist beispielsweise die in „Branding" (Markenwerbung), „Classifieds" (Rubrikenmärkte) und Suchmaschinenmarketing. Im Folgenden wird aus Sicht einer Nachrichtenwebsite als Werbeträger das Thema Suchmaschinenmarketing ausgelassen und auf die ersten beiden genannten Modelle eingegangen.

2.1 Display-Advertising: Werbeflächen in redaktionellen Umfeldern

ZEIT ONLINE ist über seine journalistischen Umfelder und die erreichten Zielgruppen im „Premiumumfeld" der deutschsprachigen Websites positioniert. Dieses qualitativ hochwertige Umfeld sowie die Nutzungssituation strahlen auf die rezipierte Werbebotschaft ab. Somit profitieren Werbekunden auf www.zeit.de insbesondere vom Wertetransfer der publizistischen Marke „ZEIT" bzw. „ZEIT ONLINE" auf ihr beworbenes Angebot. Aufgabe des Produktmanagements ist es, unter Wahrung der redaktionellen Unabhängigkeit und unter Berücksichtigung des Nutzerinteresses, beim Lesen nicht von Werbung gestört zu werden, für den Anzeigenkunden attraktive Werbeumfelder zu schaffen. Dabei sieht sich das in Print, aber auch in anderen Mediengattungen etablierte Werbemodell im Internet mit spezifischen Herausforderungen konfrontiert:

a) Performancebasierte Abrechnungsmodelle
Das üblichste Abrechnungsmodell im Bereich der Werbevermarktung ist der TKP, der „Tausender-Kontakt-Preis", bei dem ein bestimmter Wert für 1000 erzielte Werbekontakte bezahlt wird. Als Kontakt wird hierbei die über den Ad-Server ausgesteuerte und gemessene Auslieferung des Werbemittels über den Browser gewertet. Darüber hinaus haben sich im Internet verschiedene „performancebasierte" Modelle etabliert, bei denen nicht mehr nur der Sichtkontakt des Werbemittels, sondern eine definierte Aktion des Users der Abrechnung zugrunde gelegt wird. Das kann beispielsweise der Klick auf ein Werbemittel sein (CPC), aber auch die Angabe von persönlichen Daten auf einer Landingpage (CPL) oder die konkrete Bestellung eines Produktes bzw. einer Dienstleistung (CPO).

Je stärker die Abrechnung der zur Verfügung gestellten Reichweite vom letztlichen Vertriebserfolg des Kunden abhängig gemacht wird, desto stärker wird die Website vom reinen Werbemedium in die Rolle eines Absatzmittlers, also eines Vertriebspartners, gerückt. Problematisch aus Sicht einer redaktionellen Website ist, dass gerade die Trennung von Werbung und redaktionellem Inhalt die Rolle eines Absatzmittlers erschwert, da beispielsweise jede Form der verkaufsfördernden Publikation vor dem Hintergrund der publizistischen Unabhängigkeit ausgeschlossen ist. Weiterhin wird bei einer performancebasierten Abrechnung oftmals übersehen, dass der Erfolg der Kampagne nicht zwangsläufig anhand konkreter unmittelbarer Useraktionen gemessen werden kann oder darf, sondern vielmehr über klassische Werbeerfolgsmessungen wie die Abfrage von Veränderungen hinsichtlich Markenbekanntheit, Kaufpräferenzen, Sympathiewerten etc.

b) Attraktive Formate

Die subjektiv oftmals schlechtere Bewertung der gestalterischen Qualität von Onlinewerbung gegenüber Anzeigen in Print und TV lässt sich unter anderem darauf zurückführen, dass die zur Verfügung stehenden Flächen in der Vergangenheit den Kreativagenturen nicht ausreichend Platz für eine attraktive Umsetzung ihrer Kampagnenideen geboten haben. Insofern ist es eine logische Entwicklung, dass die Premiumwebsites in den letzten Jahren die Werbeflächen stetig vergrößert und oft im gleichen Zug die Anzahl der Werbeflächen pro Seite verringert haben. In Verbindung mit der zunehmenden Attraktivität und emotionalen Bindung des Users mit der genutzten Hardware ist Online-Markenwerbung in Premiumumfeldern insbesondere für Mode- und Lifestylemarken erst in der jüngsten Vergangenheit attraktiv geworden. Es ist die Aufgabe von werbefinanzierten Angeboten, diese Entwicklung weiterzuführen und dem Anzeigenkunden attraktive Flächen für seine Werbebotschaft bereitzustellen.

c) Die Bedeutung des Umfeldes

Das Werbemodell von publizistischen Premiumangeboten lebt von der Bedeutung des Umfeldes, von der Idee, dass positive Markenwerte der Website auf das beworbene Produkt abstrahlen. Dagegen steht die Idee, dass es letztlich nur darauf ankommt, den für meine Werbebotschaft richtigen Rezipienten zu kontaktieren, unabhängig von dem jeweiligen Kontaktumfeld. Die dafür notwendigen Daten werden in zunehmendem Maße von Anbietern wie facebook, Google, amazon etc. dem Werbemarkt bereit gestellt. Datenbasiertes Marketing hat insbesondere im Bereich der Vertriebswerbung seine Berechtigung. Für klassische Brandingkampagnen bleibt das Umfeld jedoch von ebenso großer Bedeutung für den Kampagnenerfolg.

d) Fragmentierung der Reichweite

Eine große Herausforderung für das Werbemodell stellt die zunehmende Fragmentierung der Reichweite dar. Die zunehmende Verbreitung von Tablets und insbesondere Smartphones führt in Verbindung mit der steigenden Nutzungsintensität von sozialen Netzwerken und Applikationen dazu, dass die publizistische Reichweite einer Marke auf immer mehr unterschiedlichen Endgeräten und Plattformen generiert wird. Damit steht der Markt vor der Aufgabe, entweder jede dieser Plattformen separat vermarkten zu müssen oder die vermarkteten Werbeflächen über die verschiedenen Plattformen und Endgeräte hinweg zu standardisieren. Aktuelle Entwicklungen im Bereich „Responsive Design“ konzentrieren sich bis dato noch auf das Layout der Angebote selbst. Hier müssen in Zukunft auch die technischen Möglichkeiten für „Responsive“ Advertising geschaffen werden.

2.2 Rubrikenmärkte: Online-Vermarktung von „Kleinanzeigen“

Unter Rubrikenmärkten („Cassifieds“) werden Anzeigenmärkte wie beispielsweise Job-, Immobilien oder auch Autobörsen verstanden. Die Leistung des Medienangebotes ist es in der Regel, ein großes Angebot an ähnlichen Produkten bzw. Dienstleistungen zu strukturieren und entsprechend zugänglich und handhabbar zu machen.

Online-Rubrikenmärkte ermöglichen durch Suchmasken, -filter und weitere individualisierbare Technologien (z.B. Suchprofile mit E-Mail-Alert) den strukturierten und gezielten Zugang zu einem ansonsten unüberschaubaren Angebot. Zudem ist das Angebot in Online-Rubrikenmärkten im Vergleich zu Print in aller Regel nicht auf regional beschränkt und kann von überall und zu jeder Zeit abgefragt werden. Der Verlust der „Regionalexklusivität“ war und ist insbesondere für regionale Tageszeitungen schwerwiegend. In diesem Geschäftsbereich sind in den vergangenen Jahren große Erlös-Anteile in (verlagsfremde) Online-Angebote abgewandert, die nur in Teilen über den Kauf bzw. die Beteiligung an entsprechenden Plattformen wieder zurückgewonnen werden konnten.

ZEIT ONLINE bildet insbesondere den für den ZEIT Verlag sehr wichtigen Stellenmarkt der ZEIT ab. Daneben gibt es aber mit der Studiengangsuchmaschine auch ein ausschließlich für Online entwickeltes Angebot.

a) Der Stellenmarkt der ZEIT

Die Stellenmärkte der ZEIT bestehen aus dem etablierten Print-Stellenmarkt, dem ZEIT-Stellenmarkt auf ZEIT ONLINE und academics, das sich als vertikales Karriereportal insbesondere im akademischen Bereich positioniert hat. Die im Print-Stellenmarkt der ZEIT veröffentlichten Anzeigen werden automatisch und kostenlos für vier Wochen auch online veröffentlicht, je nach Branche nur auf ZEIT ONLINE oder bei Anzeigen aus dem Bereich Forschung & Lehre auch auf academics.

Die größte Herausforderung in diesem Bereich ist, den Medienwandel mit der Tendenz zu Online-Anzeigen ohne finanzielle Verluste zu begleiten. Print-Anzeigen werden auf einem Preisniveau vermarktet, das sich nur bedingt auf Online-Vermarktung übertragen lässt. Werbeformate wie z. B. mit den Stellenanzeigen verlinkte Arbeitgeberprofile, ermöglichen Upselling-Produkte.

Übliches Abrechnungmodell in Online-Rubrikenmärkten sind Festpreise für in der Regel laufzeitabhängige Platzierungen der Anzeige. Insofern wird hier üblicherweise und abgeleitet aus dem Printmodell kein TKP zugrunde gelegt. Allerdings erwarten die Anzeigenkunden in diesem mehr absatz- als brandingorientierten Markt zunehmend die Berücksichtigung von Erfolgskennzahlen. Insofern ist es die zwingende Aufgabe des Anbieters, die Auffindbarkeit des Stellenmarktes im Allgemeinen sowie auch die der einzelnen Anzeige zu erhöhen. Dabei stellen sich insbesondere Fragestellungen im Bereich des Navigationsdesigns sowie der übergreifenden internen Seite-Suche, wenn gleichzeitig Ergebnisse aus einem Anzeigenmarkt mit redaktionellen Suchergebnissen gemeinsam in einer Ergebnisliste ausgespielt werden.

Grundsätzlich muss sich ein Verlag, der einen funktionierenden Rubrikenmarkt in Print abbildet, die Frage stellen, inwieweit er mit einem offensiv vermarkteten und bepreisten Online-Angebot seine eigenen Anzeigenerlöse aus Print kannibalisiert. Bei einer zu defensiven Online-Strategie dagegen läuft der Verlag Gefahr, Marktanteile an Wettbewerber zu verlieren. Der ZEIT Verlag zielt darauf ab, den Print-Stellenmarkt über das kostenfreie Bundling mit Online für den Anzeigenkunden attraktiv zu gestalten. Zusätzliche Erlösquellen erschließt der Verlag über diverse Upsellingprodukte im Onlinemarkt, z. B. individuell gestaltete Anzeigen, Arbeitgeberprofile oder auch zusätzliche Mediapakete zur Bewerbung der Stellenangebote. Darüber hinaus versucht man, mit aggressiveren Online-Only Angeboten insbesondere in den Märkten Anteile aufzubauen, in denen Print nicht oder nur schwach vertreten ist.

b) Die Studiengangsuchmaschine

Neben dem akademischen Stellenmarkt ist die Marke ZEIT auch in anderen Bereichen rund um das Thema Studium gut aufgestellt. Mit den Magazinen Campus und dem Studienführer hat der Verlag starke Publikationen im Portfolio. Vor diesem Hintergrund war die Entwicklung einer Studiengangsuchmaschine für das Webangebot der Marke nur logisch. Die Studiengangsuchmaschine unter www.zeit.de/studiengaenge bietet Informationen zu allen Studiengängen an deutschen Hochschulen. In Zusammenarbeit mit der HRK Hochschulrektorenkonferenz (Hochschulkompass) werden so genannte Basisprofile zu allen Studiengängen für die Hochschulen kostenfrei zur Verfügung gestellt. Hochschulen bzw. auch einzelne Studiengänge haben die Möglichkeit, ihr Profil durch zusätzliche Informationen aufzuwerten und somit den Anteil qualifizierter Studienbewerber zu erhöhen. Diese Premiumprofile können z. B. zusätzliche Informationen, Videos oder auch Feeds enthalten. In den Suchergebnislisten der Suchmaschine werden die Premiumprofile entsprechend prominent angezeigt. Zusätzliche Maßnahmen zur Trafficsteigerung stellen eine entsprechende Reichweite für den Anzeigenkunden sicher. Ein Premiumprofil ist für einen Festpreis erhältlich und kann für Hochschulen jeweils für ein Jahr und für Studiengänge jeweils für ein halbes Jahr gebucht werden.

Die Herausforderung für diesen Markt ist insbesondere die sehr dezentrale Budgetverantwortung in den Hochschulen bzw. Fachbereichen, die eine standardisierte Vermarktung wesentlich erschwert. Dennoch wird vor dem Hintergrund der kommenden geburtenschwachen Jahrgänge sowie der zunehmenden Konkurrenz für den Markt des Studierendenmarketings weiteres Wachstum in den nächsten Jahren prognostiziert. Insofern baut ZEIT ONLINE sein Angebot in diesem Bereich weiter aus bzw. ergänzt die Suchmaschine um weitere Informationen und funktionale Elemente, wie z. B. das CHE Hochschulranking.

2.3 Unterstützung weiterer Geschäftsmodelle

Display-Advertising und Rubrikenmärkte sind die beiden klassischen Geschäftsmodelle, mit denen publizistische Angebote anstreben, ihre Reichweite über Werbevermarktung zu refinanzieren. Darüber hinaus gilt es aber zu beachten, dass die Internetangebote von Verlagen immer auch die Gesamtmarkenreichweite erhöhen und damit zusätzlich in verschiedene Geschäftsmodelle einzahlen, die in der Regel nicht direkt der Website zugerechnet werden: Am Beispiel ZEIT ONLINE profitieren auch das Abomarketing der ZEIT, der ZEIT Shop, die ZEIT Konferenzen, ZEIT Reisen, die ZEIT Akademie, academics und weitere Geschäftsbereiche des Verlags von einer Anbindung bzw. Bewerbung ihrer Produkte auf der Seite. Hier zahlt sich besonders der Umstand aus, dass ZEIT ONLINE mit seiner eigenständigen Positionierung eine weitestgehend abweichende Zielgruppe als Print erreicht. Insofern muss es neben der direkten Monetarisierung immer auch das Ziel der Website sein, eine möglichst gute Anbindung aller "hauseigenen" Geschäftsmodelle zu realisieren.

3. *Paid Content: E-Publishing mit steigenden Vertriebserlösen*

In den vorherigen Kapiteln wurden Erlösmodelle vorgestellt, bei denen die vorhandene Reichweite Anzeigenkunden angeboten wird. In all diesen Modellen ist die Maximierung der vermarktbaren Reichweite nicht nur ein publizistisches, sondern auch ein unternehmerisches Ziel. Vor diesem Hintergrund wird der Zugang zu den nachrichtlichen Informationen bei werbefinanzierten Angeboten (bisher) in der Regel kostenfrei angeboten.

Demgegenüber steht der Versuch, auch in der digitalen Welt die Inhalte direkt an den Endkonsumenten zu verkaufen, sprich Vertriebserlöse zu erzielen. ZEIT ONLINE bietet bereits verschiedene Inhalte in unterschiedlichen technischen Formaten wie beispielsweise Apps, E-Paper oder E-Books an. Im Folgenden wird die Bedeutung von Vertriebsplattformen und Marketingmaßnahmen für den Vertrieb dieser E-Publishing-Angebote beschrieben.

3.1 Die digitale ZEIT: Bündelung von geschlossenen Produkten

Der ZEIT Verlag verfolgt eine Zweimarkenstrategie, die auf einer eindeutig getrennten Positionierung der redaktionellen Marken DIE ZEIT und ZEIT ONLINE basiert. ZEIT ONLINE ist wie andere nachrichtliche Webangebote auch im Grunde eher vergleichbar mit einem Radio- oder TV-Stream. Jeder Leser kann sich auf www.zeit.de in ein beliebiges Thema "einschalten" und dem Informationsfluss eine Zeit lang folgen. Die Inhalte werden permanent aktualisiert. Aus Sicht des Konsumenten hat das Gesamtangebot keinen Anfang und kein erkennbares Ende. DIE ZEIT ist hingegen ein geschlossenes Produkt mit Anfang und Ende, das sich im Laufe einer Verkaufswoche nicht verändert. DIE ZEIT erscheint wöchentlich und wird unabhängig vom Trägermedium, als gedruckte Zeitung auf Papier, als App oder als E-Paper, ausschließlich kostenpflichtig angeboten. Die Nutzung ist im Gegensatz zur Website auch ohne Internet-Verbindung möglich. Die ZEIT ONLINE GmbH verantwortet als Verlag die technische Entwicklung der digitalen ZEIT-Formate ebenso wie die wöchentliche Produktion, Vermarktung und Kundenbetreuung.

Ziel der Zweimarkenstrategie mit DIE ZEIT und ZEIT ONLINE ist, mit beiden redaktionellen Angeboten auf allen relevanten Endgeräten optimal präsent zu sein. Die zentrale Herausforderung hierbei ist die rasante technologische Entwicklung mit einer Vielzahl an Display-Größen, Betriebssystemen, Auflösungen, Navigations- und Vertriebskonzepten. Auch wenn HTML5 bereits viele Funktionen in browserbasierter Programmierung ermöglicht, zeichnet sich keine geräteübergreifende Format-Standardisierung für das Übertragen digitaler Zeitungsdaten auf die verschiedenen Endgeräte mit jeweils unterschiedlichen Displaygrößen ab. Zudem bringen die vielen Geräte nicht nur unterschiedliche technische Spezifikationen, sondern auch unterschiedliche Vertriebsformen wie z. B. iTunes für iOS-Geräte oder Amazon für die Kindle Edition mit sich. Somit ist hier ein hohes Maß an Marktüberblick und Flexibilität gefordert.

Die digitale ZEIT wird als Paket inklusive Zugang zum E-Paper, E-Reader-Ausgaben wie z. B. für den Kindle, iPad- und Android-App und ZEIT Audio unter www.zeit.de/digital-paket im Abonnement angeboten. Abonnenten der Print-Ausgabe können die digitalen Ausgabeformate der ZEIT zu vergünstigten Konditionen zu ihrem Print-Abonnement dazubuchen. Insbesondere bei dieser kombinierten Nutzung hat sich gezeigt, dass ergänzend zum entspannten Zeitungslesen zu Hause, gern unterwegs auf digitale Angebotsformen wie die iPhone-App zurückgegriffen wird.

Zudem findet der Verkauf einzelner digitaler Ausgaben der ZEIT über Kiosks wie z. B. iTunes in der ZEIT-App oder unter www.zeit.de/ekiosk für das E-Paper statt. Die digitale Bündelung der Inhalte mit Zusatzfunktionen wie z. B. Archivierung von Ausgaben, Lesezeichen setzen, multimediale Inhalte und die Offline-Nutzbarkeit führen zu Zahlungsbereitschaft der Leserinnen und Leser. Auf der Website www.zeit.de werden im Laufe der Verkaufswoche nur vereinzelt Texte der Print-Ausgabe veröffentlicht. Die aktuelle ZEIT-Ausgabe als „geschlossenes Produkt" ist insofern ausschließlich kostenpflichtig verfügbar.

Eine weitere Herausforderung im Bereich des E-Publishings sind für Verlage die großen Marktteilnehmer in diesem Geschäftsfeld. Anbieter wie Amazon oder Apple schaffen geschlossene „Ökosysteme" mit gut funktionierenden Warenkörben und Bezahlfunktionen. Der Kindle Fire wird bspw. zu einem relativ günstigen Preis verkauft, um im Nachhinein quasi als „Trigger" für den Verkauf der Angebote und Produkte von Amazon zu wirken. Da der Kindle auch ein digitales Lesegerät ist, wird hier ein weiterer Lesermarkt geschaffen, den es für die eigenen redaktionellen Angebote zu nutzen gilt. Durch die zentrale Marktstellung der Anbieter werden technische Formate wie auch Pricingmodelle bestimmt, mit denen ein Verlag umgehen muss.

Neben den digitalen Ausgaben der ZEIT bietet ZEIT ONLINE zudem E-Books für digitale Lesegeräte wie den Kindle oder für das iPad an. Diese gebündelten Artikel-Sammlungen werden zu Serien wie „Beruf der Woche", Rubriken wie „Arbeitsrecht" oder dem „ZEIT City Guide" unter www.zeit.de/ebooks zum Download angeboten. Die E-Books sind illustriert und enthalten je nach Inhalt Bild- oder auch Videomaterial. Seit Markteinstieg Anfang 2012 konnte so ein Portfolio aufgebaut werden, das ZEIT ONLINE ermöglicht, sich in diesem rasant wachsenden Markt der E-Books als E-Publishing-Verlag zu etablieren.

3.2 Paywall: Website-Content gegen Geld

Ein Geschäftsmodell, das in regelmäßigen Abständen in den Fachmedien diskutiert wird, ist das der Bezahlschranke bzw. „Paywall" vor dem bisher offenen Internetangebot. Im Markt gibt es unterschiedliche Paywall-Modelle. Grundlage ist die Ausgangsposition des jeweiligen Angebots. Entscheidend sind z. B. die thematische Ausrichtung und Breite der Inhalte, die Positionierung von Print und Online zueinander, der Erscheinungszyklus und auch der Grad der Überschneidung von Lesern der Online- und der Print-Ausgabe. Die Einführung einer Bezahlschranke erscheint vor allem dann sinnvoll bzw. notwendig, wenn Print- und Online-Angebot dieselben bzw. stark überschneidende Inhalte anbieten, ähnliche Aktualisierungszyklen haben (z. B. Tageszeitung / Online) und somit substitutiv zueinander stehen. In diesen Fällen wird die Bezahlschranke vor allem aus einer Verteidigungsstrategie von Print gegen Online angewandt. In diesen Fällen sind beim Pricing auch häufig Bundleangebote aus Print inkl. Onlinezugang zu finden. Bei unterschiedlich positionierten Print- und Onlineangeboten sind Bezahlschranken vor dem Onlineangebot bisher im Markt deutlich seltener anzutreffen.

Allgemein kann man Bezahlschranken danach unterscheiden, wie strikt sie den Zugang zu den Inhalten regeln:

1. „Geschlossene" Paywall: Der Zugriff auf die Inhalte liegt generell hinter der Paywall, d. h. der Nutzer muss sich grundsätzlich erst für den Zugang freischalten. Dieses Modell hat den negativsten Effekt auf die reichweitenbasierten Geschäftsmodelle. Beispiele sind derzeit: Times und Sunday Times, Boston Globe.

2. „Halboffene" Modelle: Hierzu gehören z. B. das nutzungsbasierte „Metered Modell" der New York Times, aber auch Hybrid-Modelle mit kostenpflichten Teilangeboten innerhalb einer ansonsten kostenfreien Website wie die FTD oder das Hamburger Abendblatt. Der Vorteil dieser Modelle ist, dass damit der negative Reichweiteneffekt reduziert werden kann. Voraussetzung für den Erfolg dieser Modelle ist allerdings, dass für die kostenpflichtigen Teile des Angebotes eine Zahlungsbereitschaft besteht. Typische Beispiele sind hier Finanzinformationen, Testberichte oder auch Sportnachrichten.

Grundsätzlich muss eine Paywall als alternatives bzw. ergänzendes Geschäftsmodell zu den reichweitenbasierten Modellen geprüft werden. Sie nur als Schutzwall für das Print-Angebot einzusetzen, ist keine ausreichend tragfähige Geschäftsgrundlage. Der hinter der Paywall liegende Content muss attraktiv, exklusiv und nutzerfreundlich bezahlbar sein. Zudem muss die Aufstellung der Zeitung bzw. Zeitschrift auf die eingangs erwähnten Kriterien hin geprüft werden. Angebote, die aufgrund unterschiedlicher Zielgruppen, Inhalte und Erscheinungsweisen ergänzend zueinander aufgestellt sind, laufen Gefahr, durch eine von Nutzern nicht akzeptierte Paywall an Reichweite und somit Potenzial für andere Geschäftsmodelle zu verlieren.

3.3 Weitere Erlösmodelle

Eine weitere Form der Erlösgenerierung erfolgt über den Verkauf von Texten. Die ZEIT ONLINE GmbH vertreibt als Verlag Nutzungslizenzen für Artikel an Zeitungen oder andere Wirtschaftsunternehmen. Hier werden Anfragen zu einzelnen Texten oder auch thematische Rahmenverträge mit Lizenzpartnern geschlossen. Der Geschäftsbereich ist insbesondere für Verlage für Fachinformationen rentabel. Für ZEIT ONLINE als thematisch breit aufgestelltes Nachrichtenportal spielt dieser Geschäftsbereich eine untergeordnete Rolle.

4. Herausforderung: Beschleunigung der Medientransformation

Der Wandel zu mobiler schneller Nachrichtennutzung wird sich in den nächsten Jahren weiter fortsetzen. Für die Vielzahl an mobilen Endgeräten müssen möglicht plattformneutrale technische Lösungen gefunden werden, um sowohl die Website als auch die E-Publishing-Angebote von ZEIT ONLINE ideal anbieten zu können. Doch welche Plattformen und Geräte sollen bedient werden? Wichtig ist, die Produkte und Geräte zu identifizieren, die aus redaktioneller und unternehmerischer Sicht sinnvoll sind. Der Aufwand, mit einem einzigen Angebot relevante Erlöse zu erzielen, hat sich in den letzten Jahren deutlich erhöht. Zielgruppen und positive Skaleneffekte sind schwerer zu erreichen.

Neben der technischen Aufbereitung muss auch die Gestaltung permanent angepasst werden. Wie müssen Navigationskonzepte für verschiedene Fingertouch-Oberflächen aussehen? Wie müssen Überschriften für mobile Nachrichtenrezeption formuliert werden und welche gestalterischen Aspekte sind in einer Bildsprache auf kleineren Displays relevant? Welche Vertriebsplattformen sind rentabel? Und eine der aktuell dringlichsten Fragen: welche Standards können im Bereich der mobilen Display-Werbung entwickelt werden, um hier von den steigenden Reichweiten der mobilen Internetnutzung zu profitieren? Hier hat der Werbemarkt bisher keine Antwort finden können.

Auch im Bereich der Kundenbindung müssen neue Konzepte entwickelt werden. Nachrichten werden nicht nur auf den Nachrichten-Sites öffentlich-rechtlicher und privater Anbieter, sondern zunehmend auch über soziale Netzwerke, internationale Angebote und über News-Aggregatoren wie google News rezipiert. Inserate können über verschiedene Suchmaschinen für Stellen- oder Wohnungsangebote gefunden werden. Im Internet wird das gebündelte Paket der gedruckten Zeitung aufgelöst. Die Fragmentierung des Nutzungsverhaltens stellt eine große Herausforderung für den Bereich der Markenbindung dar. So muss z. B. der Dialog mit den Lesern auch abseits des Kernangebots www.zeit.de konsequent gepflegt werden. Bei ZEIT ONLINE arbeitet ein Kommentatoren- sowie

Kundensupportteam an der Betreuung eingehender Anfragen, Themenideen und Artikelkommentare. Die Präsenz auf Social Media-Plattformen ist somit zwar initial kostenfrei, geht aber mit relevanten Personalkosten für einen kompetenten Dialog einher.

Ziel von ZEIT ONLINE ist es, Leserinnen und Leser unabhängig von ihren Endgeräten, Plattformen und Nutzungssituation an DIE ZEIT und an ZEIT ONLINE zu binden und den publizistischen Auftrag unabhängiger Berichterstattung bestmöglich zu erfüllen. Die Maßnahmen liegen in einer konsequenten Weiterentwicklung der Inhalte und Formate.

Autorenverzeichnis

Mareike Birkhahn

Mareike Birkhahn arbeitet seit 2009 für ZEIT ONLINE. Zunächst gestaltete sie als Assistenz des Chefredakteurs und des Geschäftsführers verschiedene redaktionelle und verlagsseitige Prozesse mit. Anfang 2012 wechselte sie in das Produktmanagement von ZEIT ONLINE. Die Schwerpunkte ihrer Arbeit liegen hier in den Bereichen Content Licensing, Datenanalyse und E-Publishing. Im Rahmen des digitalen Publizierens verantwortet sie den Geschäftsbereich E-Books und arbeitet an der Vermarktung der digitalen Ausgaben der ZEIT als App, E-Paper und in E-Reader-Formaten mit. Mareike Birkhahn hat 2002 eine Ausbildung zur Kauffrau für audiovisuelle Medien absolviert. Anschließend hat sie am IJK Hannover und durch Studienaufenthalte in Helsinki und Peking den Abschluss M.A. Medienmanagement Schwerpunkt Marketing erworben. Sie sammelte während des Studiums Erfahrungen bei RTL Television Programmplanung, beim Norddeutschen Rundfunk sowie bei Gruner + Jahr Electronic Media Sales. Während und nach ihrem Studium arbeitete sie als Producerin für Werbe- und Animationsfilme.

Marco Jakob

Marco Jakob ist seit 2009 Akademischer Mitarbeiter im Studiengang Online-Medien-Management der Hochschule der Medien Stuttgart. In seiner Tätigkeit an der Hochschule war er unter anderem Mitarbeiter in den Projekten Kundensozialisation im Web 2.0 sowie Media Business Performance Center. Er betreut die Social Media Aktivitäten des Studiengangs und ist in diesem Bereich in Forschung und Lehre tätig. Zudem betreut er das Online-Media Labor des Studiengangs.

Tanja Kehrer

Tanja Kehrer ist Akademische Mitarbeiterin im Studiengang Online-Medien-Management. Dort lehrt sie Wissenschaftliches Arbeiten, Medienproduktion sowie Digitale Medien und Medienkompetenz. Des Weiteren führt sie Projekte in den Themenfeldern Medienbildung, Mediennutzung und Medienkompetenz durch. Weitere Aufgabenfelder sind die Internationalisierung und Weiterentwicklung des Studiengangs, die redaktionelle Betreuung der Website und die Gremienarbeit.

Holger Nohr

Holger Nohr ist Professor für Medienwirtschaft sowie Medien- und Netzpolitik an der Hochschule der Medien in Stuttgart. Dort ist er Co-Direktor am Institut für Kreativwirtschaft (ikw). Seine Forschungsinteressen sind der Strukturwandel der Medienwirtschaft und dessen Auswirkungen auf Wertschöpfungsstrukturen und Geschäftsmodelle sowie die Folgen für die Medien- und Netzpolitik.
Neben zahlreichen Artikeln in Büchern und Zeitschriften hat er u.a. folgende Bücher veröffentlicht: Vom Zeitungsverlag zur News Industry – Veränderung von Wertschöpfungsstrukturen und Geschäftsmodellen (2011), Anzeigenmanagement in Zeitschriftenverlagen (2008) und Kundenorientierung – Voraussetzungen, Dimensionen und Messung (2007). Daneben ist er Mit-Herausgeber von Kundenorientierung in der Broadcast-Industrie (2008) sowie weiterer Beitragswerke. Er betreibt den Blog Media Business Journal (http://medienbusinessjournal.blogspot.com).

Bettina Schwarzer

Prof. Dr. Bettina Schwarzer ist Studiendekanin des Studiengangs Online-Medien-Management an der Hochschule der Medien. Nach einem Studium der Wirtschaftswissenschaften und einer Promotion in Wirtschaftsinformatik hat sie einige Jahre eine IT-Beratungsfirma geleitet. Seit 2003 hat sie eine Professur für Betriebliche Informationssysteme an der Hochschule der Medien. Ihre Forschungsinteressen liegen in den Bereichen Hyperlokale Medien und Unternehmensarchitekturmanagement.

Enrique Tarragona

Enrique Tarragona ist seit 2008 Leiter Produktmanagement und seit 2010 außerdem Mitglied der Geschäftsleitung bei der ZEIT ONLINE GmbH. In dieser Position verantwortet und entwickelt er die verschiedenen Geschäftsmodelle zur Refinanzierung der Website, zu denen neben Werbung, Rubrikenmärkten und E-Commerce auch das Thema E-Publishing gehört. Davor war er als Senior Manager Business Development Online bei Vodafone für die Entwicklung und Umsetzung digitaler Vertriebsstrategien zuständig. Von 2001 bis 2006 war Enrique Tarragona bei der Deutschen Telekom in verschiedenen Positionen tätig, unter anderem im Produktmanagement für die T-Online Portale Wirtschaft, Finanzen und Automobil.

Kai Erik Trost

Kai Erik Trost ist Mitarbeiter der Hochschule der Medien. Er studierte elektronische Dienstleistungen (B. Sc.) sowie elektronische Medien mit Schwerpunkt Medienwirtschaft (M.A.). Zu seinen inhaltlichen Schwerpunkten gehören Sozialbeziehungen im Internet sowie die empirische Medien- und Sozialforschung im Online-Segment, insbesondere zur medienkonvergenten Entwicklung und zu Online-Geschäftsmodell.

Zeitfracht Medien GmbH
Ferdinand-Jühlke-Straße 7
99095 Erfurt, Deutschland
produktsicherheit@kolibri360.de